乡村生产生活热点解答 系列

"农超对接"
你问我答

『NONGCHAO DUIJIE』
NIWEN WODA

严继超　编著

中国科学技术出版社
·北　京·

图书在版编目（CIP）数据

"农超对接"你问我答 / 严继超编著. —北京：
中国科学技术出版社，2018.3
ISBN 978-7-5046-7886-7

I.①农…　II.①严…　III.①农产品流通—中国—问题解答
IV.① F724.72-44

中国版本图书馆 CIP 数据核字（2018）第 002241 号

策划编辑	张　金
责任编辑	乌日娜
装帧设计	中文天地
责任校对	焦　宁
责任印制	徐　飞

出　　版	中国科学技术出版社
发　　行	中国科学技术出版社发行部
地　　址	北京市海淀区中关村南大街16号
邮　　编	100081
发行电话	010-62173865
传　　真	010-62173081
网　　址	http://www.cspbooks.com.cn

开　　本	889mm×1194mm　1/32
字　　数	76千字
印　　张	3.25
版　　次	2018年3月第1版
印　　次	2018年3月第1次印刷
印　　刷	北京长宁印刷有限公司
书　　号	ISBN 978-7-5046-7886-7 / F·859
定　　价	14.00元

目录 | Contents

三、超市基本知识 `33`

"农超对接"基本知识

Q1 什么是"农超对接"?

"农超对接",全称为"农超对接流通模式",是农产品流通模式中的一种,即农产品生产者(个人或组织)跨越中间商,直接将其生产的农产品销售给超市,超市再将农产品销售给消费者。

Q2 什么是农产品流通?

农产品流通是指生产者(个人或组织)将生产出的农产品通过各个中间环节最终到达消费者手中的过程。

Q3 农产品流通模式有哪些?

农产品流通模式其实质就是农产品可以通过哪些渠道到达消费者手中。主要流通模式如下。

(1)**经批发商流通的流通模式** 农产品通过批发商、零售商到达消费者手中,如"农户—批发商(第三方批发)""农户—批发商(自营批发)"的流通模式。

(2)**经零售商流通的流通模式** 农产品跨越批发商,通过零售商到达消费者手中。如"农户—超市(便利店)""农户—社区(社区菜店)""农户—社区(车载市场)""农户—社区(综合直营店)"的流通模式。

(3)**直销流通模式** 农产品跨越批发商、零售商直接到达消费者手中,如"农户—消费者(网络营销、电话订购)""农户—

消费者（采摘）""农户—消费者（种植体验）""农户—消费者（电子菜箱）""农户—消费者（智能菜柜）"等流通模式。

（4）**经社会组织流通的流通模式** 农产品通过社会组织到达消费者手中，如"农户—加工企业""农户—餐饮企业""农户—学校""农户—政府、机关、企事业单位"等流通模式。

Q4 为什么会出现"农超对接"？

20世纪90年代以来，我国经济迅猛发展，农产品流通环节的各类矛盾逐渐暴露出来，阻碍了农产品流通效率和效益提升。主要表现在以下几个方面。

① 传统流通方式环节较多，流通领域成本较高，风险控制难度大，各流通环节的上游一方比较弱势，利益分配机制不尽合理。

② 农产品生产者规模总体偏小，特别是生鲜农产品生产者规模较小，组织化程度低，对市场掌控能力弱，议价能力低，农产品价格不高，农民增收困难，农产品生产、农业发展遇到了挑战。

③ 市场信息不对称，供需矛盾突出，逐步由供不应求变为供过于求或者新的供不应求。一方面初级农产品供过于求；另一方面市场多元化需求无法满足，精加工、纯绿色农产品供不应求。

④ 随着城镇居民收入水平、生活水平的提高，健康消费需求更加旺盛，农产品质量问题成为焦点，产品标准化、绿色化、放心化呼声高涨，加强市场监控和科学调控生产与市场供应势在必行。

⑤ 市场终端销售价格逐年上升，供应链末端的消费者生活成本越来越高，"菜贱伤农"和"菜贵伤民"的现象十分严重，农民和消费者都陷入了非常尴尬的境地。

因此，传统农产品的生产方式、流通模式、供应链质量都已

经无法满足市场的综合要求，农产品市场主体发展升级、流通模式创新、市场管理创新已经成为必然。

近年来，大型连锁超市开始兴起并蓬勃发展，农产品采购规模逐步扩大，连锁超市为了获得农产品的稳定供应，需要寻求与农业合作组织、市场中介和批发商合作。而此时，农村的农业合作组织、农业经纪人也逐步发展和兴起，它们可以为大型连锁超市提供稳定的货源，并能在一定程度上有效约束农产品的生产方式，提高农产品的生产质量，保障农产品的安全性。大型连锁超市与农业合作组织的发展为"农超对接"创造了良好的契机。

随着城乡市场化程度的不断提高，从农产品流通发展的趋势来看，连锁超市必然会成为农产品销售的主要渠道，农业合作组织将是商业连锁超市的天然供应商，"农""超"直接对接，形成具有综合优势的扁平供应链。

Q5 "农超对接"的特点有哪些？

（1）**合作直接性** "农超对接"双方不再经过流通领域的中间商，而是通过对接，产销直接见面，形成扁平供应链合作模式，这有利于降低交易成本、提高流通效率、畅通市场信息，实现理论上的双方利益最大化。

（2）**动态选择性** 对接双方合作期限具有不确定性，在合约期内开展合作，并不排除在合约期满后，双方根据市场需求变化和价格波动，选择新的合作伙伴。即使在合约期内，若一方违约，另一方也可以依据契约的违约条款来维护权益或者退出合作。

（3）**资源整合性** 对接双方一旦达成合作，即可在契约约定的框架下，整合仓储与物流资源、技术资源、人力资源、营销资源，共享部分市场消费需求变化的信息资源，形成联盟。

（4）**整体协调性** 对接双方在满足消费需求、降低交易成本、分担市场风险、应对气候变化、应对市场竞争、保持合作稳定等方面，依据契约规定，保持供应链各环节整体协调，消除不利因素，化解合作障碍，一定程度上努力实现共同发展目标。

（5）**主体互动性** 对接双方为了加快双方的磨合，促进合作的深化，优化供应链体系，共同提高合作的质量与水平，必然会主动地建立有效的协调机制，保持有效的沟通，特别是超市一方还会依托自身的综合实力优势对农户和农民专业合作社进行带有社会责任性质的扶持、帮助和指导。

Q6 "农超对接"的优势有哪些？

（1）**减少流通环节，降低交易成本** "农超对接"模式的交易成本是指实现合作和交易所要花费的全部成本。农户、合作社与超市之间直接对接，大大减少了中间环节。当交易行为发生的时候，伴随交易过程产生的合作伙伴搜寻成本、信息成本、议价成本、决策成本、约束和监督交易成本、违约成本、农产品检测成本、仓储成本、运输成本、配送成本等，都大幅度降低。同时，由于交易环节的缩短，减少了农产品层层加价，缩短了流通时间，减少了农产品的损耗，增加了交易次数，提高了流通效率。

（2）**稳定市场价格，农民与消费者双方获益** 与传统渠道模式对比，"农超对接"模式环节较少，没有批发商的中间加价，客观上降低了农产品的销售价格，能够使得消费者获得实惠。近年来政府对"农超对接"模式的税费减免、费用补贴、专项扶持等也逐步增加，使农民也获得了相当的实惠。"农超对接"模式发展

也承载了政府的公共职能，在稳定农产品价格、保障农民收益和消费市场平稳方面发挥了相应的作用。

（3）提高农产品品质，确保食品安全　随着人们收入水平的提高，农产品安全问题越来越受到消费者和政府的关注。传统农产品流通渠道普遍具有合作的不稳定性、交易的多变性、产品品质衡量的主观性、产品销售责任的不明确性和不可追溯性等弊端。"农超对接"模式中，超市是现代商业企业，它对产品品质的管理是其管理的核心内容之一，入店销售的农产品必须达到预定的质量标准。保证产品质量的关键节点是农产品生产环节、加工环节、仓储运输环节、销售环节，具体则表现为农产品品种的优良性、生产技术标准、收获的保质标准、加工的规范标准、仓储与装卸运输技术标准、在途时间控制标准、销售环节的保质标准等，一旦开展"农超对接"，这就对农户、合作社的农产品提出了高于原来的质量管理目标，不能达到将会付出违约成本，由此倒逼农户、合作社提高农产品质量。

（4）提高资源配置效率，促进结构调整优化　"农超对接"模式的发展不仅仅是一个农产品流通渠道创新问题，通过对接模式综合机制的作用，还可以对流通资源配置、流通体系的发展与优化及农业产业结构的调整产生积极的影响。农、超双方可以充分利用对接模式资源，既发展正向对接，又开展逆向对接，实现农产品进城与工业品下乡的同步发展；通过对接模式的发展、带动与示范效应，使对接模式不断优化，并促进其他类型的流通模式吸收借鉴"农超对接"模式的发展经验，提升供应链管理水平，进而使农产品流通体系整体得到优化和升级；对接模式要求的产品技术、品质、结构、规模、管理标准、经营设施、电子商务技术运用等方面，可以通过"市场—超市—农民专业合作社—农户"

的倒逼机制，促使农户与合作社主动提高匹配水平，实现农户与合作社层面的结构调整与优化；通过农户与合作社带动一批与之配套的种植养殖户、种子公司、农机公司、农药化肥企业、农业技术研究机构、包装企业、第三方物流企业、农业发展融资机构、基础设施建设企业等逐步调整优化经营结构，推动农业产业化发展水平不断提升。

Q7 "农超对接"主要参与主体有哪些?

"农超对接"主要参与主体包括农户、中间组织和超市。

Q8 农户的内涵是什么?

广义的农户包括普通农户、专业大户、家庭农场。

普通农户即狭义农户，是指主要依靠家庭劳动力从事农业生产的一种组织形式。其特点是农业生产规模较小，以家庭为主，没有雇佣工人，没有独立法人资格。

专业大户指围绕某一种农产品从事专业化生产。从种养规模来看，其明显大于传统农户或一般农户，由于没有明确的概念和严格的界定，有时也将专业大户称为种养大户。专业大户可细分为种粮大户、经济作物种植大户、畜禽养殖大户、水产养殖大户。

家庭农场是专业大户的转型或称为专业大户的升级版。党的十七届三中全会提出有条件的地方可以逐步发展家庭农场之后，家庭农场逐渐发展成为我国的一个新型农业经营主体。目前从我国的实践看，家庭农场土地经营规模较大，土地承包关系稳定，生产集约化、农产品商品化和经营管理水平较高，家庭农场是专

业大户的转型，一般都是独立的法人。

Q9 什么是中间组织？

中间组织是指居于超市与农户之间的组织单位。由于农户分散经营，单个农户同超市建立交易关系较困难，需要一个中间组织联结分散的农户，从而形成规模化生产和规模化供货，并对农户生产过程进行必要的技术指导与监督管理，使超市的采购标准能够得到贯彻实施。

中间组织与农户之间开展合作，共同作为广义农业生产者，形成一种面向超市的供货联盟，在"农超对接"的构建与实现过程中，发挥着决定性作用。

Q10 中间组织有哪些具体类型？

按照组织性质的不同，中间组织具体可以分为合作社型、企业型、其他非企业型 3 种主体形式。

合作社型中间组织，即农民专业合作社，是指在农村家庭承包经营基础上，同类农产品的生产经营者或者同类农业生产经营服务的提供者、利用者，自愿联合、民主管理形成的互助性经济组织，合作社具有独立法人资格。

企业型中间组织主要指农产品生产企业、农产品加工企业、专业供应商等。大型的农产品生产、加工或供应企业，在企业所在地的规模及影响力较大，一般称之为龙头企业。生产基地一般都是依托该类龙头企业或大型企业而存在。

其他非企业型中间组织包括经纪人、村委会、农业协会等组织。

Q11 "农超对接"的具体运作模式有哪些?

"农超对接"从中间组织的不同来看,大致分为 3 种运作模式,即合作社型、企业型、其他组织型。

合作社型,即"超市 + 合作社 + 农户"模式。超市与合作社签订购销合同,合作社组织农民进行生产。此种模式能够让农民通过合作社切实享有价值增值,容易得到农民的响应和政府的政策性支持。

企业型,即"超市 + 生产企业 / 加工企业 / 供应商 / 龙头企业 / 基地 + 农户"模式。农户将生产出的农产品卖给企业,企业经过处理卖给超市。企业与超市相比更靠近农户,具有接触农村的经验,较其他类型的中间组织具有资金、技术、设施、管理方面的优势,更具备满足超市的经营需要的能力。

其他组织型,即"超市 + 协会 / 政府组织 / 村委会 / 经纪人 + 农户"模式。协会、政府组织作为超市和农户的联系者,将超市的采购要求和产品标准告知农户,协调两者达成购销协议。此处的协会是一种社团性组织,不具备经营能力,并非实质性地参与"农超对接",在供应链中仅起到协调、组织的作用。

在"农超对接"具体实践当中,会出现不同模式之间的糅合,将在后文的具体案例中进一步说明。

Q12 实践中哪种"农超对接"模式较适合广大分散农户?

"超市 + 合作社 + 农户"模式较适合广大分散农户。截至2016 年底,全国依法登记的农民专业合作社达 179.4 万家,入社农户占全国农户总数的 44.4%。因此通过合作社带动农户与超市

对接，适合我国农户多、规模小、组织化程度低的国情。

此外，"超市 + 基地 + 农户"模式也较适合广大分散农户。基地其实不是一个法人主体，而是依托龙头企业或其他企业而进行运作。

Q13 "农超对接"有哪些政策支持？

近年来，我国陆续发布了较多政策来支持"农超对接"。如《财政部、国家税务总局关于农民专业合作社有关税收政策的通知》（2008 年 6 月 24 日）、《商务部、农业部关于开展"农超对接"试点工作的通知》（2008 年 12 月 5 日）、《商务部、财政部、农业部关于做好农产品"农超对接"试点工作的通知》（2009 年 6 月 12 日）、《教育部办公厅、农业部办公厅、商务部办公厅关于高校食堂农产品采购开展"农校对接"试点工作的通知》（2009 年 11 月 5 日）、《商务部、农业部关于全面推进"农超对接"工作的指导意见》（2011 年 2 月 23 日）、《商务部办公厅、农业部办公厅关于开展"全国农超对接进万村"行动的通知》（2011 年 10 月 9 日）、《国务院关于支持农业产业化龙头企业发展的意见》（2012 年 5 月 31 日）、《商务部关于鼓励和引导民间资本进入商贸流通领域的实施意见》（2012 年 6 月 18 日）、《国务院关于深化流通体制改革加快流通产业发展的意见》（2012 年 9 月 20 日）、《商务部关于加快推进鲜活农产品流通创新的指导意见》（2012 年 12 月 19 日）、《2015 年中央一号文件》（2015 年 2 月 1 日）。总的来说，国家在"农超对接"政策方面给予了大力支持。

合作社基本知识

Q1 什么是农民专业合作经济组织？

农民专业合作经济组织是农民自愿参加的，以农户经营为基础，以某一产业或产品为纽带，以增加成员收入为目的，实行资金、技术、采购、生产、加工和销售等互助合作的经济组织。

Q2 农民专业合作经济组织的特点是什么？

（1）财产所有权关系不变 农户入社投入的土地、生产资料等，依然由农户所有。

（2）入社自愿、退社自由 任何单位和个人不能强迫农户入社，不能强迫社员退社。

（3）生产运营专业性强 无论是在生产方面、农业技术方面还是农产品营销方面，其专业性要比普通农户强很多。

（4）民办、民营、民受益 该类组织属于农民筹办运营的组织，所得收益归合作组织所有，按章程进行分配。

（5）可突破社区界限实行专业合作 在合作社的基础上，已经出现合作社联社，在不同区域内开展合作。

Q3 农民专业合作经济组织的作用是什么？

（1）提高农民进入市场的组织化程度 随着农业市场化程度的进一步提高和农产品供求结构的不断变化，千家万户小生产与千变万化大市场的矛盾日益加剧。解决这一矛盾的基本途径有两条：一是扩大农业的经营规模；二是提高农民的组织化程度。前者可以通过农业劳动力的转移和土地的合理流转来实现，后者则主要是通过发展农民专业合作经济组织来实现。

（2）**推进农业的产业化经营**　农业产业化经营的核心是农业的纵向一体化。通过各类龙头企业和中介带动农户的"公司／基地／合作社＋农户"模式是农业产业化经营的一种形式，它在实践中发挥了积极作用。农民合作经济组织植根于广大农民之中，既能保持农户家庭的独立经营，又可以按照合作制的规则，克服单家独户在经营中的局限性，维护农民的利益，使入社农民形成利益共同体。合作组织是农业产业化经营的理想载体，它既可以通过在组织内部发展龙头企业来实现产业化经营，又可以依托自身的组织优势，在龙头企业和农民之间发挥中介作用，推进农业的产业化经营。

（3）**提高农民自身的素质**　以农民为主体的专业合作经济组织实际上也是一种学习型组织。农民专业合作经济组织的建设和合作制的运作，可以使农民在科技推广、分工协作、组织管理、市场营销、对外联系以及民主决策等方面得到锻炼。这既有利于农民科技意识、营销能力和合作精神的培育，又可以增强农民的民主意识与参与意识，提高农民自我组织、自我服务、自我管理、自我教育的能力，进而推进农村基层民主制度建设，促进农村社会稳定和发展。

（4）**改善政府对农业的管理**　农民专业合作经济组织的兴起和发展，是市场经济环境下农村微观经济组织的再造和创新，它不仅架起了联结农民与市场的桥梁，也架起了联结政府与农民的桥梁。一方面，政府可以通过专业合作经济组织这一中介来指导或引导农民，把国家的产业政策和措施落在实处，减少农民生产的盲目性和无序性。另一方面，农民通过专业合作经济组织，可以把自己的愿望和要求及时反映给政府，并及时得到由政府发布的真实可靠的农业产销、科技和政策等信息，从而大大提高政府对农业与农村经济调控的针对性和实效性。特别是我国加入世界贸易组织（WTO）后，政府在实施"绿箱"政策和"黄箱"政策时，可以通过专业合作经济组织这一载体，加大对农民与农业的扶持力度，如通过农业科研、技术推广、人员培训、基础设施建设等投资，以及在食品安全、作物保险、灾害救济、区域开发、环境保护等方面的补贴措施，合法有效地支持农业发展和保护农民利益。

Q4 农民专业合作经济组织的类型有哪些？

按农民合作的紧密程度，农民专业合作经济组织可分为专业合作社、股份合作社和专业协会 3 种类型，不同类型的农民专业合作经济组织具有不同的特征。

Q5 农民专业合作社的优势和不足是什么？

农民专业合作社以其成员为主要服务对象，提供农业生产资料的购买，农产品的销售、加工、运输、贮藏以及与农业生产经营有关的技术、信息等服务。

优势：农民专业合作社在工商管理部门登记为企业法人，主要特点是与农产品加工企业相连接，作为企业的原料生产基地，形成"公司 + 专业合作社 + 农户"的农业产业化经营模式，实现了产、加、销一体化。在这类组织中，社员一般要根据自己的能力缴纳一定的股金后才能成为社员，享受合作社提供的各种服务；实行"一人一票"制，社员入、退社自由；利益分配一般以两种方式在社员间进行，一种是按股份分红（但受限制，一般不超过同期银行利息），一种是按交易额返还。

不足：在这类合作经济组织中，由于社员既是合作社的客户，又是合作社的所有者，对于提高合作社的凝聚力有很大作用。但这类专业合作经济组织也有不少局限性，主要表现在："一人一票"原则，不能体现股份多的社员的利益，不利于吸收资金，而资金正是目前合作社发展所缺乏的；入、退股自由，不利于保持合作社的稳定，因为合作社经营总免不了波动，如遇不利情况就退股，遇有利情况就入股，不利于合作社的稳定。此外，随着合作社规模的扩大，合作社内部会员"搭便车"现象会越来越严重，从而不利于合作社的发展。

Q6 农民股份合作社的优势和不足是什么？

股份合作社是指由农民以及其他有关部门或单位共同出资成立的股份合作制性质的合作社，是股份制与合作制的结合。由企业、农技推广单位、基层供销社等出资作为股东，再吸收少量的社员股金组建成股份合作社。

股份合作社多数有自己的企业，在工商管理部门登记为企业法人。目前，大多数股份合作社是按保护价收购农产品，按月结算，年底按股金分红。少部分股份合作社除按股金分红外，年底按交易量进行利润返还。

优势：股份合作社与传统合作社在性质上既有相同之处，又有不同之处。相同之处在于，它是生产者的联合，并在较大程度

上实行了企业客户与企业所有者身份的统一。出资的个人和集体，既是合作社的股东，又是合作社的客户，合作社董事会由合作社成员（股东）选举产生，合作社决策较大程度上反映合作社（客户）的意志，因此合作社的利益与合作社成员的利益基本一致，在这一点上它具备了传统合作社的部分特征。不同之处在于，它实行身份股和投资股相结合的股权结构，即部分股金是不能退还的，这保证了合作社的稳定性。投票不完全实行"一人一票"制，还根据交易量和入股额的大小设置投票权。盈余的分配主要按股份分配为主，同时辅以按交易额返还。

不足：合作社成员分为紧密型和松散型，不同身份的成员具有不同的权利和责任，为了避免股份和投票权的过分集中，对单个社员的入股额和表决权数进行了限定。这类组织形式较好地解决了合作社股份过于细化或过于集中所带来的问题。但是，股份过于集中在个别大户或个别组织手里甚至达到控股地位的合作社实质是股份公司或是私有企业，小股东社员是很难成为主人的，他们的利益也难以得到保障。同样，如果股份过于分散，合作社很难调动生产大户和经营管理人员的积极性，形不成核心，而占股份极小的众多社员与合作社利益很难紧密结合，也无法调动他们的积极性。

Q7 农民专业（技术）协会的优势和不足是什么？

农民专业协会也被称为专业技术协会，它是由从事专业生产的农民按照统一章程缴纳会费而组成的自助性组织，是一种比较松散的合作经济组织形式，包括协会和研究会，它是我国改革开放以来最早出现、发展快速的一种农民组织。多数专业协会在民政部门登记，注册为社团组织。专业协会每年向社员收取一定数量的会费，以提供技术、信息、运销服务为主。由于社团组织受到经营范围的限制，大多数专业协会不直接为社员销售产品，没有销售收入，因此没有利润分配。它们一般没有什么经济实体，实力较弱，只开展一些简单的技术服务和信息交流工作，一般没有专职的工作人员，由政府部门或职能部门负责人或某些有能力的人兼职任负责人开展工作。这类合作组织容易组建，也很容易瓦解，表现出很大的不稳定性。

从发展情况看，专业协会有以下几个方向的演变趋势：一是向农产品行业协会发展。随着政府职能的转变，一些条件较好的农民专业协会逐步承担政府原来行使的行业管理职能，有可能发展成为区域性的行业协会。二是向专业合作社转变。一些农民专业协会发展到一定时期后，不能满足部分会员对服务和权益的各种要求，为了实现会员的利益最大化，这种组织会在会员的推动下转化为专业合作社。三是向股份制企业转化。随着专业协会的发展，协会所推广的技术和所推进的产业越来越兴旺，但是一些协会却无力兴办企业实体来从事这些产业的经营，这样，一些会员便会同外来资金在协会的协调下建立起股份制企业（协会股份很小或无股份）。在利益驱动下，股份制企业越来越大，实力越来越强，而协会普及科学技术、推广产业发展的作用越来越小，最终被股份制企业取代。四是解散或名存实亡。许多专业协会是在个别能人或地方领导的支持下发展起来的，随着能人热情的消退或领导岗位的调动，不少协会就会自动解散或开展不了活动，名存实亡。

Q8 国外农民专业合作组织的发展状况如何？

在农业发达的国家，中介组织发育程度较高，非政府农业协

会在生产与市场之间发挥着巨大作用。美国存在多种专业协会，如美国小麦协会、美国马铃薯协会、华盛顿苹果协会等，80%的农场主通过合作组织购买物资、销售农产品以及购买服务。日本的农协发展非常成熟，80%的农副产品由农协销售，90%以上的农业生产资料由农协提供，农协还为有资金需求的农户提供资金支持。欧洲以荷兰为例，95%以上的花卉和80%以上的水果、蔬菜，都是通过合作社销售的。

Q9 国外发达国家农民专业合作组织有哪些特点？

（1）农户产权独立　发达国家的农民合作经济组织都是建立在农户或家庭经营的基础上，加入合作组织的成员的生产资料和财产的所有制性质不变，农户或家庭农场仍然是自负盈亏的独立经济实体，其土地及其他生产资料仍为农民私有，丝毫不改变财产所有制关系。在生产经营上，农户或家庭农场仍拥有完全独立自主的经营决策权，不受合作组织的任何干预，只是在需要的活动领域内才进行农业合作。严格地说，合作组织对其成员不具有支配和管制的职能，只是通过开展业务活动对其成员进行指导和服务，两者在法律上和经济上地位都是平等的。

（2）政府政策支持和立法保护　发达国家政府对农民合作经济组织无一例外地采取了积极支持的态度。

建立健全有关法律、法规，为农民合作经济组织的健康发展创造前提条件。美国为支持合作社的发展，于1926年制定了合作社销售法。德国早在1898年就颁布了合作社法，其后经过多次修改、补充和完善，已成为与公司法同等重要的主体法。日本政府先后颁布实施了《农业协同组合法》《农林渔业组合重建整备法》

《农协助成法》等法律。

政府实施优惠的经济政策，对农民合作经济组织的发展给予财政、金融等经济支持和税收减免等。德国政府为支持合作社的发展，对合作社用税后利润进行投资的部分免征所得税，支持信贷合作社向农民提供低息贷款，给予合作社一定的财政支持。日本政府为支持农协开展信用事业，政府部门给予贴息贷款或无息贷款等以确保农协的资金来源，在税收政策上，规定农协各种税收均比其他法人纳税税率低10%左右。各种政策对农民合作组织的支持，使农民合作组织的发展具有了强大的后劲。

（3）以服务农民为宗旨　农民合作组织的价值和原则是合作社区别于一般企业和社会组织的本质特征，各国的历史背景以及社会、政治、经济、文化条件的不同，导致农民合作组织的内部制度安排均有所不同、各具特点。但发达国家农民合作经济组织从维护农民的经济利益出发，以农民社员为主体，坚持为社员服务的宗旨，在内部管理上比较严格地遵守了合作社特定的组织管理原则。即使是在市场经济高度发达的美国、加拿大、法国、德国和荷兰等国家，合作社也一直坚持合作制的原则和价值观念。

（4）产权清晰、管理科学　西方发达国家在遵循合作社原则的基础上，按照现代企业制度的要求，在吸收股份公司治理结构基本框架的基础上，在实践中形成了行之有效而又富有特色的企业经营管理机制。这既保证了农业合作社的高效运行，又坚持了民主管理原则，从而使合作社在发展中保持了充分的活力。

①明晰的产权制度　合作社的产权制度是一种典型的复合产权制度，在农业合作社中，每位社员都是股金的持有者，社员退社时有权撤走其投资，合作社的积累，属于合作社的集体资产，不可分割，合作社保留社员私有产权形成了全体社员的共同利益，

实行自主经营。

②管理科学　合作社形成了能够实现合作社民主管理的治理结构。农民合作经济组织的内部管理机构在构造形式方面，基本采取了股份公司的设置和安排，而在治理原则方面，则更多地体现了合作社的民主决策与管理。农民专业合作社的治理结构一般由3部分组成，即社员(代表)大会、理事会和监事会，这3个机构既相互联系，又相互独立，构成了互相不可分割的有机整体。

（5）多元化发展　发达国家农民合作组织在其发展初期，主要以农产品销售、粗加工业务为主，随着市场化程度的不断提高，市场竞争的加剧，农民合作经济组织不断向多元化方向发展，已不再限于农产品加工销售领域，形式多样、各具特色的农民合作经济组织遍布农村各地，几乎涉及农民生活的各个领域和农业生产的各个环节。

（6）管理改革和创新　随着市场经济的发展和市场竞争的加剧，西方国家合作社面临各种新的挑战，在业务经营、管理决策、分配方式上不断进行调整和完善，合作社制度呈现出一些新的变化。

①在资金筹集和盈余分配上引入股份制度　合作社是一个非盈利组织，盈余除了提取少量的公积金用于扩大再生产之外，其余大部分都要退还给社员，因此积累相对不足。为了解决资金缺乏问题，合作社一方面向社员和非社员发行具有固定收入的证券或股票，或向社会发行企业债券，有些合作社引入股份制的机制，向社会发行股票，对传统合作社进行改革。另一方面开始重视股金分红对于筹资的作用，年终盈余除了按比例留做公积金外，其余部分按照社员与合作社交易额的多少按比例返还给社员和作为股息进行分红。

②民主管理方式更加灵活　合作社实行"一人一票"的原则，

使得生产、交易规模大的社员与生产规模小的社员对于权益和风险责任的分担不公平，导致合作社中存在大量"搭便车"和机会主义等问题。有些农业合作社在"一人一票"的基础上，以交易额来计算投票权，有些农业合作社为了筹集资金，允许按照股金多少给予票数加权，以体现公平原则。

（7）向一体化方向发展　一是纵向一体化，通过延伸产业链，把农业产前、产中、产后都连接起来。二是横向一体化，通过专业合作组织的合并与改组，形成综合性的合作经济组织，提升了合作组织自身的竞争力。目前合作社营利性倾向趋强，现在各国的新型合作社，都程度不同地偏离了传统的合作社原则，如合作社中非社员人数增加，理事会的控制力加强，这使农民合作组织的合作性减弱，营利性趋强。

Q10 农民专业合作社的申办流程是怎样的？

申办农民专业合作社主要有六大步骤。

（1）工商行政管理局登记　需要提交材料：① 设立登记申请书；② 全体设立人（最少 5 个人，80% 是农业户口）签名、盖章的设立大会纪要；③ 全体设立人签名、盖章的章程；④ 法定代表人、理事的任职文件和身份证明；⑤ 全体出资成员签名、盖章予以确认的出资清单；⑥ 法定代表人签署的成员名册和成员身份证明复印件；⑦ 住所使用证明；⑧ 指定代表或者委托代理人的证明；⑨ 合作社名称预先核准申请书；⑩ 业务范围涉及前置许可的文件。

（2）公安局定制刻章　需要提交材料：① 合作社法人营业执照复印件；② 法定代表人身份证复印件；③ 经办人身份证复印件。

（3）**质监局办理组织机构代码证** 需要提交材料：① 合作社法人营业执照副本原件及复印件一份；② 合作社法定代表人及经办人身份证原件及复印件一份；③ 如受他人委托代办的，须持有委托单位出具的代办委托书面证明。

（4）**税务局申领税务登记证** 需要提交材料：① 法人营业执照副本及复印件；② 组织机构统一代码证书副本及复印件；③ 法定代表人 (负责人) 居民身份证或者其他证明身份的合法证件复印件；④ 经营场所房产证书复印件；⑤ 成立章程或协议书复印件。

（5）**办理银行开户和账号** 需要提交材料：① 法人营业执照正、副本及其复印件；② 组织机构代码证书正、副本及其复印件；③ 农民专业合作社法定代表人的身份证及其复印件；④ 经办人员身份证明原件、相关授权文件；⑤ 税务登记证正、副本及其复印件；⑥ 合作社公章和财务专用章及其法定代表人名章。

（6）**当地农经主管部门备案** 需要提交材料：① 法人营业执照复印件；② 组织机构代码证书复印件；③ 农民专业合作社法定代表人的身份证复印件；④ 税务登记证正、副本复印件。

Q11 农民专业合作社成员的出资方式有哪些？

农民专业合作社成员可以用货币出资，也可以用实物、知识产权等能够用货币估价并可以依法转让的非货币财产作价出资。成员以非货币财产出资的，由全体成员评估作价。成员不得以劳务、信用、自然人姓名、商誉、特许经营权或者设定担保的财产等作价出资。成员出资不需要经过专门的验资程序，成本很低，简便易行。

Q12 我国《农民专业合作社法》的主要内容有哪些?

（1）明确农民专业合作社的法人资格和法律地位 《民法通则》规定了法人应当具备的四个条件，即依法成立，有必要的财产和经费，有自己的名称，组织机构和场所，能够独立承担民事责任。《农民专业合作社法》规定"农民专业合作社依照本法登记，取得法人资格"。农民专业合作社依照《农民专业合作社法》登记后即享有法人地位，也就是法律认可了其独立的民商事主体地位，从而可以具备法人的权利能力和相应的行为能力。《农民专业合作社法》对农民专业合作社的设立和登记条件与程序也做了相应规定。

（2）明确农民专业合作社章程的主要内容和组织管理制度章程是农民专业合作社的小宪法，应当由全体设立人一致通过，所有加入该合作社的成员都必须承认并遵守。章程要对《农民专业合作社法》规定由章程完成的事项作出规定，还要对法律中的未尽事宜作出规定。农民专业合作社成员大会是合作社的最高权力机关，成员大会每年至少召开一次。成员大会对理事长、理事、执行监事或者监事会成员有选举权和罢免权，重大事项由成员大会决定。法律还规定成员超过 150 人的，可以按照章程规定设立成员代表大会。

（3）明确农民专业合作社"一人一票"的基本表决权和民主议事决策制度 《农民专业合作社法》第十七条规定："农民专业合作社成员大会选举和表决，实行一人一票制，成员各享有一票的基本表决权。出资额或者与本社交易量（额）较大的成员按照章程规定，可以享有附加表决权。本社的附加表决权总票数，不得超过本社成员基本表决权总票数的 20%。"

（4）明确合作社成员的权利与义务、管理人员的职责和要求
成员加入合作社后，依照《农民专业合作社法》和章程规定行使权利，履行义务。《农民专业合作社法》专门对合作社管理人员的活动行为作出了严格规定，提出了一些基本要求。这样规定是为了防止其滥用职权，以切实保障合作社成员的权利和利益。国际上比较现代的合作社的管理人员可以聘任，其中有的合作社的管理人员是志愿者。我国目前比较多的还是合作社的成员作为管理人员。不论什么情况，合作社的管理人员都不能超越法律赋予的权利，特别是不能从事有害于合作社和侵害成员权利和利益的行为。

（5）明确合作社建立成员账户制度、财务会计制度与盈余分配制度　财务制度的完善是作为经济组织的农民专业合作社良好运行的前提，也是保护成员利益的基本要求。农民专业合作社与其他经济组织相比，在设立条件、财产性质和结构、分配方式等方面有着自己的特点，一般的财务会计制度并不完全适用于农民专业合作社。为此，国家专门制定农民专业合作社的财务会计制度，农民专业合作社应当按照国务院财政部门制定的财务会计制度进行核算，这是对农民专业合作社财务会计工作的合法性要求。

《农民专业合作社法》规定，合作社应当实行财务公开，接受成员的民主监督，应当为每个成员设立专门的个人账户，记载成员的出资、公积金和其他相关财产份额，以及与合作社的业务交易情况。这是该法与其他市场主体法律的一个很大不同。第三十四条还规定："农民专业合作社与其成员的交易、与利用其提供服务的非成员的交易，应当分别核算。"具体到对非成员交易量的限制，合作社的章程会依照法律和自身实际作出规定。

盈余分配是合作社财务管理工作的核心。合作社与一般的企业法人不同，其利润的形成既有成员出资的贡献，也有成员与合作社之间交易的贡献，因此，法律规定，合作社的盈余分配办法应当由章程规定或者经成员大会决议确定，其中，可分配盈余的60%以上应当以交易量（额）为依据按比例返还给成员，其余部分以成员账户中记载的出资额和公积金份额等为基础按比例分配。这样规定有两个方面的意义：一是可分配盈余的大部分都按照成员与本社的交易量（额）返还，符合国际惯例，有助于鼓励成员利用合作社、办好合作社；二是以适当的比例按照出资额等进行分配，有利于鼓励成员向合作社出资，以解决合作社的资金困难。

（6）明确农民专业合作社的合并、分立、解散和清算办法

合作社既然是市场主体，它就会和企业一样存在合并、分立、解散和清算等问题。

《农民专业合作社法》第三十九条规定：农民专业合作社合并，应当自合并决议作出之日起10日内通知债权人。合并各方的债权、债务应当由合并后存续或者新设的组织承继。

《农民专业合作社法》第四十条规定：农民专业合作社分立，其财产作相应的分割，并应当自分立决议作出之日起10日内通知债权人。分立前的债务由分立后的组织承担连带责任。但是，在分立前与债权人就债务清偿达成的书面协议另有约定的除外。

《农民专业合作社法》第四十一条规定了农民专业合作社的解散原因：章程规定的解散事由出现；成员大会决议解散；因合并或者分立需要解散；依法被吊销营业执照或者被撤销。

《农民专业合作社法》第四十一条也对清算程序做了相应规定：在解散事由出现之日起15日内由成员大会推举成员组成清算组，开始解散清算。逾期不能组成清算组的，成员、债权人可以向人民法院申请指定成员组成清算组进行清算，人民法院应当受理该申请，并及时指定成员组成清算组进行清算。

（7）**明确国家对农民专业合作社的扶持政策**　我国的农民专业合作社尚处在起步阶段，各地发展也很不平衡，因此，需要国家通过各种措施扶持和引导其健康发展。《农民专业合作社法》第八条第一款规定，"国家通过财政支持、税收优惠和金融、科技、人才的扶持以及产业政策引导等措施，促进农民专业合作社的发展。"明确了产业政策倾斜、财政扶持、金融支持、税收优惠 4 种扶持方式。

① 政策倾斜　《农民专业合作社法》第四十九条规定："国家支持发展农业和农村经济的建设项目，可以委托和安排有条件的有关农民专业合作社实施。"这让合作社实施项目有诸多好处，如果合作社运行规范，那么国家把项目、资金给合作社以后就不用担心，因为合作社实行民主管理，大家都在监督。有法律、章程严格的规定，国家的有关建设项目委托合作社实施，是完全可以信任的。

② 财政扶持　主体包括中央和地方各级政府，财政扶持的主要领域是对农民专业合作社开展的信息、培训、农产品质量标准与认证、农业生产基础设施建设、市场营销和技术推广等服务。对民族地区、边远地区和贫困地区的农民专业合作社和生产国家与社会急需的重要农产品的农民专业合作社还给予优先扶持。

③ 金融支持　基于农民专业合作社在发展过程中普遍遇到的资金困难，法律对国家政策性金融机构和商业性金融机构向农民专业合作社提供金融服务作了原则性规定。

④ 税收优惠　农民专业合作社依法享受国家规定的对农业生产、加工、流通、服务和其他涉农经济活动税收优惠。

（8）**明确农民专业合作社建设与发展中的政府责任**　我国的农民专业合作社发展既呈现出多样性的特点，也有区域和行业不平衡以及运行中的不规范等缺陷，客观上离不开政府的支持和引导。第九条规定,"县级以上各级人民政府应当组织农业行政主管部门和其他有关部门及有关组织,依照本法规定,依据各自职责,对农民专业合作社的建设和发展给予指导、扶持和服务。"根据这一规定,从政府来说,就是组织动员农业行政主管部门和其他有关部门及有关组织,依法规定,依据各自职责,对农民专业合作社的建设和发展给予指导、扶持和服务。

从实际工作看,农民专业合作社的建设和发展,是一项政策性、群众性、敏感性、技术性很强的工作,涉及农村经营体制、农民群众切身利益的保护、农村社会的和谐和农村生产力发展等一系列重大的政治、经济、社会问题,是一项经常性的工作。当合作社有困难、有问题需要政府解决时,要让群众知道可以首先找政府哪个部门帮助协调,我们各级农业行政主管部门要依法承担起更重的责任和工作。需要注意的是,任何部门、任何组织都不得借指导、扶持和服务的名义,强迫农民建立或者加入合作社,或者干预农民专业合作社的内部事务,改变农民专业合作社的民办、民有、民管、民受益的特征。

Q13 我国农民专业合作社发展存在哪些问题?

(1)融资难 目前,多数农民专业合作社在发展过程中都面临缺少资金的难题,融资难是制约农民专业合作社发展的瓶颈。调查显示,就农民专业合作社发展过程中面临的主要问题而言,37%的理事长认为是融资难。现阶段,我国农村合作金融发展正趋向"边缘化",制约农民合作社融资的因素很多。农民合作社独特的内在制度设计限制了其筹资能力,商业银行改革、银行与农民合作社信息不对称造成合作社筹资环境恶化,政府制度供给不足等因素也在一定程度上导致了农民专业合作社融资难。相反，韩国却通过互助金融破解了农协融资难题。互助金融是指经济弱者们一起建立金融组合，其中拥有闲钱的会员把它存到组织，组织再把它借给需要资金的会员。经过 40 余年的发展，现如今，韩国农协互助金融已成为名副其实的农村金融组织，为农村资金供给做出了重要贡献。然而，我国农民专业合作社在融资业务上离韩国农协还有很大差距。

（2）销售与服务能力不足　合作社依然以初级农产品生产为主。在美国，农业营销合作社一直占据很大比重。据美国农业部 2006 年统计数据显示，在当时的所有合作社中，如果以销售、供应和其他相关服务的营业额占营业总额 50% 以上为标准划分，销售合作社占比为 51.8%，供给合作社占比为 36.4%，其他服务的合作社占比为 11.8%。与美国类似，日本农协也主要从事销售、购买、信贷等项目，其中，农产品销售是其首要经济项目。农户经由农协进行水果、大米、蔬菜、牧业产品销售的比例分别为 69%、59%、56%、53%，其综合利用度为 56%。然而，在我国调查显示，农民合作社主要从事农产品生产项目，从事蔬菜、水果种植的合作社最多，占比 36.4%；从事畜牧养殖的合作社数量次之，占比 27.3%；而从事农资销售业务的合作社仅占 10.9%，农民合作社的销售、服务功能发育严重不足。

（3）农民专业合作社经营和服务规模较小　调查显示，农民专业合作社的经营规模和服务规模都偏小。在经营土地面积上，多数农民专业合作社经营土地面积在 50 亩及以下；在注册资金上，大部分农民专业合作社注册资金在 50 万元以下，农民专业合作社的经营规模偏小。此外，多数农民专业合作社在册社员数较少，在册社员数在 50 人以下的占比最大，为 65.4%；在雇佣人数上，绝大多数雇佣人数在 50 人以内，占比为 84.7%，农民专业合作社的服务规模偏小。未来，我国农民专业合作社的经营规模和服务规模都亟待提高。

（4）农民专业合作社联合发育尚不成熟，合作层次较低　在西方发达国家，农业专业合作社运作的基本模式是建立在大农业、大农场基础之上的跨区域合作社模式。而且，随着现代农业的快速发展及合作社规模的扩大与实力的增强，相互合作、联合发展的合作社越来越多。在粮食、水果、蔬菜、乳品销售和农用品供应领域，合作社合并的势头和大型化的趋势尤为明显。2013 年，我国中央一号文件也提出："引导农民合作社以产品和产业为纽带开展合作与联合，积极探索合作社联社登记管理办法。"然而，调查显示，农民合作社基本上是各自为战，相互间缺乏必要的联合和沟通，农民合作社联合发育尚不成熟，合作层次较低。

（5）农民专业合作社"纵向一体化"发育不足，品牌意识薄弱　在西方发达国家，农业合作社都在加强"纵向一体化"发展。美国的农业合作经济组织形式多样，包括农工商联合体、联营制、农业合作社等，通常情况下，一家农业专业合作社只经营一种产品，对该产品进行深度开发。这种开发包括运输、储藏、初加工、深加工、销售等一系列环节，充分体现了大农业产业化、现代化的特点。然而，在我国调查显示，农民合作社基本上以农产品生产或统购统销等某一项业务为主，"纵向一体化"发育不足，农民专业合作社更缺少自己的品牌，品牌意识薄弱。

Q14 如何解决好我国农民专业合作社发展中存在的问题？

（1）建立农民专业合作社信用机制，破解融资难困境　通过建立农民专业合作社信用联保和筛选机制，可以有效解决合作社缺乏抵押物和合作社与金融机构间的信息不对称问题，使得合作社与金融机构可以有效对接，从而降低其信贷成本。此外，信用合作还有利于农村资金"留守"，减少其外流，从而推动农村金融市场多元化发展，拓宽农户对农业投入的融资渠道。

（2）强化社会化服务，扶持农民专业合作社发展　政府未来的社会化服务应当"软硬兼施"，一方面出台资金扶持、税收减免等"硬性"措施；另一方面，更要增强农民培训、技术指导、知识指导、营销指导等"软性"支持，扶持农民专业合作社发展。

（3）加强合作社联合社建设，提升合作层次　合作社发展到一定阶段后，就会产生合作社联合社。而且，随着市场竞争的更加激烈和合作社本身业务的不断拓展，合作社之间也存在着联合起来、降低经营成本、提升市场竞争力的内在需求。因为，农民合作社一般只经营某一种农产品，农民专业合作社只有综合发展，凝聚成综合农协，才能做大、做强。未来一段时间内，农民专业合作社间要加强联合，组织培育和发展农民专业合作社联合社；打造多层次、多形式、多元化的合作体系，以实现合作社持续、稳定增收。

（4）搭建营销平台，提高面向市场的能力　一方面，政府可以举办各类农产品展示、展销会和各类节会，吸引外地客商前来与农民专业合作社洽谈；另一方面，积极组织农民专业合作社参加各类展会。对农民专业合作社参加统一组织或认可支持的商品展销会、博览会、交易会等的摊位费，给予适当补助。通过营销平台的搭建，提高农民专业合作社面向市场的能力。

（5）抓品牌培育，提升农民专业合作社的知名度　当地政府可以帮助农民专业合作社开展标准化生产，实行统一品种、统一品牌、统一销售，加快推进绿色食品、有机农产品、无公害农产品认证和商标注册，通过提升质量，打造驰名品牌。

Q15 农民专业合作社的优惠政策有哪些？

国家对合作社的惠农政策大致包含以下内容。

① 合作社销售成员的产品视同农户自产自销。

② 增值税方面，一般纳税人从合作社购买产品可以按照 13% 进行进项税抵扣。

③ 每年国家都会下拨一部分资金对合作社进行帮扶，并且不用偿还。

④ 国家根据合作社的性质、特点、规模等支持一部分无息贷款，一般可以使用 3 年，无息贷款使用时是先垫付贷款利息，然后凭还款票据再到财政局报账。

⑤ 合作社向成员提供农资免征增值税。

⑥ 合作社与成员签订的产品销售合同，免征印花税。

⑦ 提供优质金融服务。开展农民专业合作社的信用等级评定，对于在工商行政部门登记的农民专业合作社，在各种贴息贷款项目和小额贷款上给予倾斜。农村信用社将积极调整信贷结构，合理安排资金，对规范经营、符合贷款条件、生产经营正常、经营收入稳定、有还款能力的农民专业合作社，优先给予贷款支持。

⑧ 辅助农民专业合作社提升经营能力。鼓励有一定生产经营规模和出口实力的农民专业合作社，向当地市外经贸行政部门申请办理对外贸易经营者备案登记，积极拓展国外市场。

⑨ 更多的资金扶持。支持农民专业合作社开展信息、培训、农产品质量标准与认证、农业生产基础设施建设、农村现代流通

网络建设、市场营销和技术推广等服务。各项支农资金包括现代标准农田建设、标准化生产与无公害基地建设、农产品市场营销、农业产业化、测土配方施肥及引进新品种、新技术等专项资金，将适当向农民专业合作社倾斜。

⑩ 对农业机耕、排灌、病虫害防治、植保、农牧保险以及相关技术培训业务，家禽、畜牧、水生动物配种和疾病项目防治的收入，免征营业税。

⑪ 合作社成了当地龙头企业后，由当地地税局批准，可减免水利建设专项资金。

⑫ 可优先安排用地指标。

⑬ 对于合作社在生产过程中产生的生产用电给予相当程度的优惠。

⑭ 农技人员、大中专毕业生在合作社工作，工资、待遇、评职称、工龄等与在岗农技人员一样计算，同时可以参加社保、医保。

⑮ 可免收企业所得税、营业税、城建税、教育附加税、地方教育附加税、房产税、城镇土地使用税等。

⑯ 免收残疾人就业保障金。

⑰ 合作社的农产品运输，可享受"绿色通道"，不收过路费。

⑱ 合作社在购买农业机械设备时，可享受各种机械设备直补金。

⑲ 合作社享受某一些农产品的直补金。

超市基本知识

Q1 超市为什么注重农产品经营？

由于农产品销售，尤其是生鲜农产品，顾客购买频率非常高，因此超市非常重视农产品的经营。顾客在购买农产品的时候，也可能会购买超市的其他产品，增加了其他产品的销售量。

Q2 超市经营的特点是什么？

超市商品经营的特点：产品价格低、品种多样化、食品安全、质量有保证、给顾客更好的便利服务。在从事"农超对接"的过程中，农产品要尽量符合上述特点。

Q3 超市的类型有哪些？

超市的主要类型大致分 4 种。

（1）便利店　便利店是以满足顾客便利性需求为主要目的的零售业态。

选址：在居民住宅区、主干线公路边以及车站、医院、娱乐场所、机关、团体、企事业单位所在地。

营业面积：在 100 平方米左右，营业面积利用率极高。

营业时间：一般在 16 小时以上，甚至 24 小时。

商品结构：以速成食品、小包装商品、文具杂志为主，有即时消费性、小容量、应急性等特点。

目标顾客：居民徒步购物 5 分钟可到达，80%顾客为有目的的购物。

便利店在时间上、空间上及品项上都是对其他业态的一种弥补，随着人们生活水平的提高及生活节奏的加快，有较大的发展空间。

（2）食品超市（社区店） 食品超市是采取自选销售方式，以销售食品、生鲜食品、副食品和生活用品为主，满足顾客每日生活需求的零售业态。

选址：在居民住宅区、交通要道、商业区。

营业面积：500～1 000 平方米。

商品结构：以购买频率高的商品为主。

营业时间：不低于 16 小时。

目标顾客：以居民为消费对象，10 分钟左右可到达。

该类型超市的非生鲜食品类商品是无法与大型超市进行价格竞争的。作为必需商品的生鲜食品是该类型商圈消费者基本生活的组成部分，生鲜食品成为该类店铺的主要商品。店家需以提高生鲜食品的鲜度、加工工艺等手段吸引消费者光顾，并且积极参与或组织各类的社区活动，让消费者感到是去邻居家购物，而不是去店里购物。

（3）仓储式超市 仓储式超市是以经营生活资料为主的，储销一体，低价销售，提供有限服务的销售业态（其中有的采取会员制，只为会员提供服务）。

选址：在城乡接合部，但交通便利性强，并有大型停车场。

营业面积：一般在 10 000 平方米以上。

内部布局：库架合一，装饰简单，节约成本。

商品结构：主要以食品（有一部分生鲜食品）、家用品、服装衣料、文具、家用电器、汽车用品、室内用品为主。重点是商品的广度要宽（指商品的种类要多）。

目标顾客：以中小零售商、餐饮业、集团购买和有交通工具的消费者为主。此种店铺大都实行大量销售和大批订货等方式，从而实现廉价销售。

（4）综合性超市　综合性超市是以销售大众化实用品为主，满足顾客一次性购足需求的零售业态。

选址：在住宅区、城乡接合部或商业密集区。

营业面积：2 500 平方米以上。

商品结构：生鲜食品、衣食用品齐全。重点在商品的深度（指同一商品的规格、等级、品种的多少）。

目标顾客：满足消费者中比率最大的中等收入阶层的消费需求。

内部布局：设施装饰较仓储式超市好。

综合性超市规模达到一定程度即称为大型综合超市，也被称为大卖场。所谓大卖场，简单地说即万种商品，低价销售。大卖场店的经营有别于日用杂货店、便利店、超市（含生鲜超市）、集贸批发市场或百货商场及仓储型商场，其应具备以量制价、物美价廉的最高经营准则。

Q4 超市总部的组织结构是怎样的？

不同超市总部的组织结构略有差异，图 1 是超市总部的组织结构范例，了解超市总部的组织结构，有助于更好地进行宏观层面的"农超对接"。

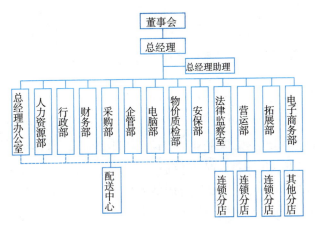

图1　超市总部的组织结构范例

Q5 超市门店的组织结构是怎样的?

不同超市门店的组织结构略有差异,图2是超市门店的组织结构范例,了解超市门店组织结构,有助于更好地进行微观层面的"农超对接"。

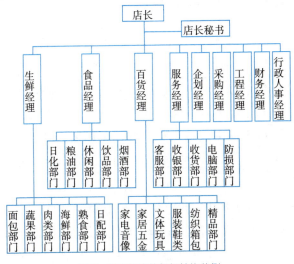

图2　超市门店的组织结构范例

Q6 生鲜农产品在超市经营中的地位如何？

对于零售企业来说，在互联网的冲击下，唯一能抗衡的品类就是生鲜，截至 2014 年年底，物美生鲜区已占到门店面积的 40% 以上，生鲜销售、综合毛利业绩增长已超过 25%，呈现逐年递增的态势。对于近 3 年净收益保持不断增长的永辉超市，直接提出了以生鲜农产品为主，以食品用品和服装为辅的"永辉模式"作为其核心竞争力，并设立地方特产专柜。盘踞北京的物美，更是成立了生鲜事业部，确立了以蔬菜为代表生鲜核心竞争力的经营目标。

与其他品类相比，生鲜品类的门店重复购买率更高。此外 60% 的消费者表示在购买生鲜时会交叉购买其他零售品类，生鲜产品是最有效的引流武器。

Q7 超市生鲜农产品有哪些？

目前生鲜食品较有代表性的是"生鲜三品"，即：果蔬（蔬菜、水果）、肉类、水产品，对这类商品基本上只做必要的保鲜和简单整理就可上架出售，未经烹调、制作等深加工过程，因此可归于生鲜食品类的初级产品。再加上较常见的由西式生鲜制品衍生而来的面包和熟食等现场加工品类，就由初级产品的"生鲜三品"和加工制品的面包、熟食共同组合为"生鲜五品"。

在超市实际运作中，也常把其他一些食品项目，如日配乳制品、冷冻和冷藏食品、散装杂粮、蜜饯糖果等与生鲜食品作为同一部类经营。它们与生鲜食品具有一些共同的特点：保存条件基本相同，属于散装无条码商品并需要用称重打条码方式售卖；保质期比较短；在消费习惯上也有很大的关联性。严格来说，这些经营项目不属于生鲜范畴，但由于以上特点和归类管理的需要，通常会与生鲜品并类陈列和统一管理。

Q8 超市采购生鲜农产品的一般流程是什么？

超市采用订单采购，即超市与供货商首先签订采购合同，之后，超市给供货商发送采购订单，供货商根据订单给超市发货。超市采购流程一般包括8个步骤（图3）。

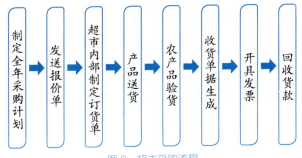

图3　超市采购流程

（1）制定全年采购计划　　生鲜采购部门需要按照上级指标制定全年的采购计划，然后把这份计划分解成各个供应商的供货计划，并及时同供货商沟通，使他们做好准备。例如，有基地的供应商会考虑当年是否需要再扩大种植面积，以满足超市增加的订单。

（2）发送报价单　　由于生鲜农产品价格一日多变，超市不可能一年或者几个月同供货商定一个价格，也不能像在批发市场买东西，每小时甚至每分钟都在变化价格，因此，超市采取一周一定价模式。一般在周一或者周二，供货商向超市总部或城市采购中心报价，即把准备卖给超市的农产品的价格、规格、品质，以及可以供货的数量信息，报送给负责的谈判员。谈判员对报价单进行审核，如果发现问题，例如报价高于超市期望值，谈判员会同供货商进行沟通，看价格是否能够做调整。供货商每周的一次报价确定以后，不管市场价格的变化对谁有利，一般的情况下必须维持一周，要变更只能到下周再谈。如果供货商想要增加新的单品，他们是需要向超市提供由第三方公司出具的产品质量和农药残留检测报告以及新单品的样品，有必要时超市还会派人到产地进行考察和验货。

（3）**超市内部制定订货单**　超市拿到各个供应商报价单以后，把这些信息汇总起来，分发给各个超市门店。门店的生鲜处长，按照报价单提供的产品价格、规格，最近几天门店生鲜农产品的销售情况，以及未来几天的预测，制定订货单，然后由超市门店直接把订货单发给各家供货商。超市采用分权管理方式，超市总部或城市管理部门采购员确定采用哪家供应商的产品，提供价格信息，门店生鲜处长决定采购数量，对于供应商和价格是不能更改或者选择的。

（4）**产品送货**　超市供货商按照门店给他们下的订单，每日在指定的时间内给超市发货。供货商送货地点有两类，一种是运送到超市的生鲜农产品配送中心，再由配送中心给各家门店配送。采用这种模式的供应商主要是外地或远郊的供货商。第二种是直接把产品配送到超市的各家门店。

（5）**农产品验货**　因为生鲜产品易腐不耐储存，经营生鲜农产品的风险很大，所以超市收货部门在验货方面把关很严格。一般的方法是采用随机抽样，在送货卡车的前、后、中、上、下各抽取一箱产品，把箱内的产品全部倒出来，逐个地按照标准进行验货。如果发现存在质量问题，验货员会把整个卡车的所有产品卸下来逐箱检验。当不符合标准的产品超过超市采购标准的规定比例，超市就会要求打折甚至退货。产品验货合格以后，进行称重，填写收货单据。

（6）**收货单据生成**　如果供货商给超市门店送货，超市填写的收货单据就是超市收到货物的实数。但是，如果供货商把产品发送到超市的生鲜采购中心，当时签发的收货单还是参考数据，因为正式的收货单是以门店实收的货物重量为依据的，偶尔会有供货商的送货数量与门店提供的收货信息不符的情况发生。超市门店收到供货商的货物以后，生鲜部门把收货信息输入电脑，发布在网上。供应商通过网络直接查到包括收货数量、单价、总金额的超市收货单。

（7）**开具发票**　供货商根据超市网上公布信息，开具公司发票，邮寄给超市总部或者城市采购中心的财务部门。

（8）**回收货款**　供货商开出发票，超市不会立即付款，因为超市有付款期。对于一般的生鲜农产品供应商，付款期是 60 天，即超市财务部门接到发票以后，在 60 天内给供货商账户汇款。因此，超市供货商必须有实力，需要一定的流动资金进行周转。

Q9 超市采购生鲜农产品质量标准是什么？

一般来说，生鲜农产品进入超市，超市会对生鲜农产品有一个质量标准要求。不同的超市，标准也有所差异，表 1 为永辉超市水果质量标准的一个范例，仅作参考。

表1 永辉超市水果质量标准

品 名	外观质量 颜色、大小、形状、外表、整齐度	口感质量 新鲜度、成熟度、多汁性、甜酸度、软硬度	合格质量 次质特征
红富士	颜色浅绿、淡黄色为底、有粉红或洋红的条絮状斑纹，有光泽，果形扁圆个大、呈橘形，手感结实、饱满	果皮薄、果肉奶白色、肉质爽脆多汁、清香鲜嫩、甜中带酸	腐烂、萎蔫、压伤、淤伤、擦伤、虫洞、斑点、表皮较脏、发皱、肉质粉而不脆
秦 冠	颜色绿黄色为底、红绿相间，有光泽，果形上大下小、果体适中，手感结实、饱满	果皮薄、果肉奶白色、肉质细嫩、松脆多汁、甜中带酸	腐烂、萎蔫、压伤、淤伤、擦伤、虫洞、斑点、表皮较脏、发皱、肉质粉而不脆
水晶梨	颜色浅黄白、表皮光滑、有细小果点、圆形、顶部和底部略扁、果体饱满微软、有晶莹之感，果形整齐均匀	皮极薄、果肉呈奶白色，肉质脆嫩无渣、甜美、汁多	压伤、淤伤、擦伤、腐烂、褐斑、过软、果皮干皱、无光泽
雪花梨	颜色黄色或黄白色、有细小的褐色果点，有光泽，果体表面光滑、倒卵形、个大均匀，手感微软	皮薄、果肉浅黄色或黄白色，口感细腻无渣、脆爽多汁、较甜	压伤、淤伤、擦伤、腐烂、褐斑、过软、果皮干皱、无光泽
鸭 梨	颜色黄色、有细小的褐色果点、有点光泽，果体表面光滑、呈倒卵形、均匀，手感较软	皮薄、果肉浅黄色，口感细嫩无渣、较甜、汁液多、爽口、香味浓	压伤、淤伤、腐烂、黑心、虫害、果皮皱、无光泽
丰水梨	颜色浅咖啡色、表面有白色的油点、粗糙、无光泽，果形似水晶梨，果体坚实、均匀	皮薄、果肉呈土色或黄白色，肉质细嫩无渣、甜美多汁	压伤、淤伤、擦伤、腐烂、褐斑、过软、果皮干皱、变黑
贡 梨	颜色淡黄色或黄白色、有细小的褐色果点、有光泽，果体呈球形或卵圆形、个大，手感硬	皮较薄，果肉呈黄白或奶白色，口感酸甜、质脆汁多	压伤、淤伤、擦伤、腐烂、黑心、发霉、过软、虫害、果皮干皱、严重花皮

品 名	外观质量 颜色、大小、形状、外表、整齐度	口感质量 新鲜度、成熟度、多汁性、甜酸度、软硬度	合格质量 次质特征
新疆香梨	颜色黄色、有红晕、果体为倒卵形、较小、带长果柄、表面光滑、微软	皮薄，果肉奶白色、果肉细微、多汁、甜美、有浓郁的香味	压伤、淤伤、擦伤、腐烂、黑心、过软、发霉、果皮干皱、表面发黏
早酥梨	颜色青绿色或黄色，表面细滑、有光泽，果体呈倒卵形、个适中、均匀，手感结实或微软	皮薄细嫩，果肉呈白色或黄白色，肉质细嫩酥软、香甜多汁	压伤、淤伤、擦伤、腐烂、黑心、果皮干皱、严重花皮
脐 橙	颜色金黄或橙黄色、有光泽，圆形或椭圆形，表皮油点颗粒细小、结构紧密，果体较硬、光滑、有弹性，果实顶上突出呈圆锥形，内有发育不佳的小果	薄皮，皮肉结合紧密不易剥落，水分充足、汁多、口味较甜	腐烂、发霉、积压变形、萎蔫失水、淤伤、病斑
甜 橙	颜色金色或橙黄色、有光泽，圆形或圆锥形，表皮油点颗粒细小、结构紧密，果体较硬、光滑、有弹性	皮薄，皮肉结合紧密不易剥落，水分充足、汁多、口味较甜、微酸	腐烂、发霉、积压变形、萎蔫失水、淤伤、病斑
橘 子	颜色金黄色、金红、橘黄色、有光泽，扁圆形，表皮油点颗粒细小、结构松软，果体较软、光滑	皮薄，皮肉结合不紧密易剥落，橘纹少，水分充足、汁多、口味甜酸	腐烂、发霉、积压变形、裂开、萎蔫失水、淤伤、病斑、过生
南丰蜜橘	颜色金黄或金红色、有光泽，圆形，粒小、表皮油点颗粒细小、结构松软，果体较软、光滑	皮极薄、皮易剥落，橘纹少，水分充足、汁多、口味甜酸，核少	腐烂、发霉、挤压裂开、萎蔫失水、淤伤、病斑
芦 柑	颜色橙黄色、有光泽，果身扁圆形、较大，表皮不平整，果体松软	皮粗厚、易剥落，橘纹多，水分充足、汁多、口味甜爽，核少	腐烂、发霉、挤压裂开、萎蔫失水、淤伤、病斑皮肉分离严重

品　名	外观质量　颜色、大小、形状、外表、整齐度	口感质量　新鲜度、成熟度、多汁性、甜酸度、软硬度	合格质量　次质特征
蜜橘	颜色橙黄色、有光泽，果身扁圆形、较大，表皮不平整，果体松软。	皮粗厚、易剥落，橘纹多，水分充足，汁多、口味甜爽，核少	腐烂、发霉、挤压裂开、萎蔫失水、淤伤、病斑皮肉分离严重
砂糖橘	颜色橙黄、橘红色有光泽，果身圆、粒小，表皮光滑、果体饱满、有弹性	皮极薄、易剥落，水分充足，汁多、口味非常甜，核少	腐烂、发霉、挤压裂开、萎蔫失水、淤伤、病斑皮肉分离严重
沙田柚	颜色黄色或青黄色，表皮粗糙、有褐色斑点，果体颈部较长、似葫芦状，果身较硬、有弹性、分量重	皮肥厚，皮肉结合紧密难以剥落，果肉呈白色或淡黄色，水分充足、汁多，味道酸微苦，核大	萎蔫失水、花皮、褐斑多、较生、苦涩
密柚	颜色黄色或黄青色，表皮粗糙，果体颈部较短、似梨状，果身较硬、有弹性、分量重	皮较薄、皮肉结合难以剥落，果肉呈白色或淡粉色，水分充足、汁多，味道清甜，核小	萎蔫失水、花皮、褐斑多、较生、苦涩
黄皮西柚	颜色金黄色、泛红晕，有光泽，扁圆或圆形，表皮油点细小、光滑，果体较硬、饱满、有弹性	皮薄、易剥落，果肉呈暗红色，水分充足、汁多、味酸、微苦	腐烂、萎蔫失水、淤伤、花皮、病斑
青皮西柚	颜色浅绿色、有光泽，扁圆或圆形，表皮油点细小、光滑，果体较硬、饱满、有弹性	皮薄、易剥落，果肉呈白色、水分充足、汁多、味酸甜	腐烂、萎蔫失水、淤伤、花皮、病斑
柠檬	颜色正黄色、有光泽，椭圆形且两端突起而稍尖，表皮细滑，果体较硬、饱满、水分充足	皮极厚、不易剥落，果肉极酸、水分充足、汁多，具有浓郁的芳香	腐烂、表皮失水、淤伤、花皮、黑点
水蜜桃	颜色鲜艳、黄底红晕，个大形正、均匀整齐，表面有细小绒毛，果体微软，皮薄易剥落	成熟度高，果肉淡黄色，口感味甜、微酸、多汁、肉柔糯无渣，肉核分离、皮肉分离，有桃的芳香	腐烂、压伤、淤伤、化水、表皮发皱、不够成熟

续表

品　名	外观质量	口感质量	合格质量
	颜色、大小、形状、外表、整齐度	新鲜度、成熟度、多汁性、甜酸度、软硬度	次质特征
杏	颜色为深黄色或金黄色、有红晕，表面有微绒毛，圆形，果体微软有弹性	果肉柔嫩、味甜无涩味，有成熟的杏香味	腐烂、过熟、压伤、淤伤、裂果、萎蔫
青布林	颜色青绿色，圆锥形或雨滴形，个体均匀整齐，果体硬且有弹性	果肉呈淡黄色，皮薄、肉质脆嫩、味道甜美（李子味）	腐烂、裂开、过熟、萎蔫或表皮起皱、发霉、压伤、淤伤、味涩
红布林	颜色鲜红或紫红色，表面有白霜，圆形或椭圆形，个体均匀整齐，果体微软且有弹性	果肉呈黄色或褐色，皮薄，肉质脆嫩、味道甜美（李子味）	腐烂、裂开、过熟、萎蔫或表皮起皱、发霉、压伤、淤伤、味涩
黑布林	颜色黑色或者黑紫色，表面有白霜，圆形或椭圆形，个体均匀整齐，果体微软有弹性	果肉呈现黄色或褐色，皮薄，肉质软嫩、味道甜美（李子味）	腐烂、裂开、过熟、萎蔫或表皮起皱、发霉、压伤、淤伤、味涩
李　子	颜色淡红或紫红色，表面有白霜，圆形，个小、均匀整齐，果体微软、有弹性	果肉呈黄色，皮薄，肉质软糯、味道甜酸、不涩	腐烂、裂开、过熟、萎蔫或表皮起皱、发霉、压伤、淤伤、味涩
油　桃	颜色黄底泛红或橙黄色、有光泽，大小均匀、形状如小桃，果体软硬或微软	果肉淡黄色、肉质爽脆，味道兼有桃李双重味道、桃味偏重	腐烂、压伤、萎蔫、淤伤、过度变软
西　梅	颜色鲜红色、暗红色或紫红色，底部青绿色，表面有白霜，椭圆形状，有绿色短果柄，个体均匀整齐，果体硬或微软、有弹性	成熟度较高的果肉柔嫩、呈褐黄色或青绿色，味道甜美、不涩不酸	腐烂、过熟、压伤、淤伤、裂果、斑点或绿色果柄脱离严重

续表

品 名	外观质量 颜色、大小、形状、外表、整齐度	口感质量 新鲜度、成熟度、多汁性、甜酸度、软硬度	合格质量 次质特征
樱 桃	颜色粉红或鲜红色，花蒂不带白色，果体呈圆珠状，饱满色深、粒大均匀、晶莹透明	皮薄、汁多、果肉软嫩、味甜、小核	腐烂、过软、压伤、裂皮、渗水、虫、杂质等
鲜 枣	颜色绿白、黄白为底色，表面有不规则的红斑、有光泽、光滑无皱、果体呈卵形或长圆形，手感坚硬、有弹性	果肉黄白色，口感松绵软糯、味香汁少、甜种带酸	腐烂、压伤、淤伤、擦伤、花皮、虫洞、皮皱
柿 子	颜色深红色或橘黄色，表面光滑、有光泽，果体扁圆或圆锥形，带深褐色柿蒂，软柿手感软、有弹性，硬柿手感硬、无弹性	肉质橘黄色，软糯细滑、甘甜无涩味道	腐烂、裂开、黑斑、发霉、软烂、异味、压伤、淤伤
石 榴	颜色鲜红、色泽一致、表面光滑，果体圆球形，手感坚实、饱满	皮厚韧，果肉颜色呈粉红、淡黄或白色，果粒饱满、晶莹透明，汁多、酸甜适中	腐烂、开裂、压伤、淤伤、虫洞、过生苦涩、萎蔫失水
进口青提	颜色浅绿色，果粒大且均匀、结实饱满，呈圆形或椭圆形，果粒表面有霜，果梗青绿且与果粒连接牢固，整串提子紧凑	肉质爽脆、清甜多汁、酸味少、皮薄、有成熟的风味，无籽的品种为佳	腐烂、萎蔫、压伤、擦伤、脱粒、化水、果粒裂开、果梗变黄、果粒变黄或呈半透明、柔软、味酸
进口红提	颜色浅红、鲜红或红色，果粒大且均匀、结实饱满，呈圆形，果粒表面有霜，果梗青绿且与果粒连接牢固，整串提子紧凑	肉质爽脆、甜浓多汁，皮薄，有成熟的风味，无籽的品种为佳	腐烂、萎蔫、压伤、擦伤、脱粒、化水、果粒裂开、果梗变黄、果粒有点白且非常柔软、味酸

续表

品　名	外观质量	口感质量	合格质量
	颜色、大小、形状、外表、整齐度	新鲜度、成熟度、多汁性、甜酸度、软硬度	次质特征
进口黑提	颜色黑色或黑紫色、果粒大且均匀、结实饱满、呈圆形，果粒表面有霜、果柄青绿且与果粒连接牢固，整串提子紧凑	肉质爽脆、甜浓多汁、酸味少，皮薄，有成熟的风味，无籽的品种为佳	腐烂、萎蔫、压伤、擦伤、脱粒、化水、果粒裂开、果梗变黄、果粒非常柔软、味酸
新疆葡萄	颜色浅绿色，果粒较小但均匀、结实饱满，呈马奶形或珍珠形，果粒表面有霜，果梗青绿且与果粒连接牢固，整串提子紧凑	肉质爽嫩、清甜多汁、酸味少，皮薄，有成熟风味，无籽的品种为佳	腐烂、萎蔫、压伤、擦伤、脱粒、化水、果粒裂开、果梗变黄、果粒变黄或呈半透明、柔软、味酸
巨峰葡萄	颜色黑紫色，果粒大且圆、结实饱满，果粒表面有霜，果梗青绿且与果粒连接牢固，整串提子紧凑	肉质爽嫩、甜浓多汁，皮厚，有成熟的风味，有籽，籽较大	腐烂、萎蔫、压伤、擦伤、脱粒、化水、果粒裂开、果梗变黄，味酸
草　莓	颜色鲜红或深红色、有光泽，果体大且均匀整齐，花蒂叶子翠绿	果体九成熟，肉质鲜嫩多汁、味酸甜，有草莓的浓郁芳香	腐烂、损伤、渗汁、虫蛀、畸形果
猕猴桃	颜色为黄绿色或咖啡色，表面有棕色的绒毛，形状均匀大小整齐，横切面为椭圆形，果生较硬或柔软	果肉为绿色，种子为黑色，味道甜酸宜人，肉质较柔软多汁，清淡鲜美	裂开、压伤、冻伤、萎蔫或干水、果实发软、果皮变黑或有黑斑
杨　梅	颜色紫色或粉红色、有光泽，表面有粒状突起，呈圆球形，个大均匀，成熟适中	肉柱完整，口感酸甜，表面清洁	腐烂、长虫、渗水、出水、损伤、过熟、过生、杂质多
枇　杷	颜色黄色或橙色、有光泽，表面有绒毛，核果粉，个大均匀饱满，鹅蛋形，有新鲜的果柄，微软、有弹性	成熟度高，皮薄，肉质结实呈深黄色、多汁、口味甜中带微酸，核较大	腐烂萎蔫、过熟、压伤、淤伤、表皮发皱、果柄脱落、青子、僵子、伤烂

续表

品　名	外观质量 颜色、大小、形状、外表、整齐度	口感质量 新鲜度、成熟度、多汁性、甜酸度、软硬度	合格质量 次质特征
杨　桃	颜色翠绿透黄，表面有蜡质，光亮，外观椭圆状、横断面呈五星型，棱间丰满，果体半透明状	皮薄如纸，果肉白色、晶莹透亮，口感爽脆多汁、清甜微酸	腐烂、压伤、擦伤、淤伤、黑斑
红毛丹	颜色鲜红，表皮长有较长的须、须挺直，果体呈圆球状	果肉洁白晶莹、脆嫩、口感清甜、汁多	萎蔫、须变黑、爆裂、果汁外溢
荔　枝	颜色鲜红或浅红色，表面布满龟裂片、有刺或无刺，果体上大下小、呈心形，果粒饱满、有弹性	皮薄，果肉洁白透明，口感细嫩、味甜多汁、有核，有荔枝特有的香味	果皮变褐色、裂开、萎蔫、果汁外溢、过软
龙　眼	颜色黄褐色、表面干燥光滑，果体呈小球形、饱满有弹性，带长果枝	果皮薄而韧，果肉晶莹洁白、肥硕多汁、味甜如蜜	腐烂、变黑、爆裂、果汁外溢
番石榴	颜色青色、有光泽，果体扁形、圆形、椭圆形，表面有突起，手感硬，结实	皮薄，果肉奶白色、肉中有小籽，口感柔软味甜、汁少发干	腐烂、黑斑、压伤、擦伤、淤伤、萎蔫
榴　莲	颜色未成熟时呈绿色带咖啡色、成熟后呈黄色，果皮长满尖刺，个大、底圆顶尖，熟后蒂部有榴莲的香味	皮厚，肉呈鲜黄色、有榴莲的特殊香味、口感顺滑、甜美、香腻，有核	爆裂、发霉、发黑、过生、不能成熟、不能打开、果肉又软又白且味淡
山　竹	颜色紫色或紫黑色，表面光滑、有光泽，果体圆球状、带嫩绿果叶，手按有弹性	皮厚，手易剥开，果肉奶白色、肉瓣晶莹、有核，口感清甜、爽口	枯干、过硬、压伤、个小

续表

品　名	外观质量 颜色、大小、形状、外表、整齐度	口感质量 新鲜度、成熟度、多汁性、甜酸度、软硬度	合格质量 次质特征
进口木瓜	颜色黄色略带绿色，果体表面有少量的钝棱条，椭圆形，一头较尖、似子弹的形状，手感结实	果皮较薄，果肉呈橙红色，有空腔，腔中有黑籽，肉质爽滑、清甜，有桂花、玫瑰香味者为佳	腐烂、黑斑、压伤、淤伤、萎蔫、过软
香蕉	成熟度八成以上，中间颜色黄色、两端青绿色或全部黄色且有梅花点、有光亮，果形长而弯曲、月牙形、菱角不明显，果身圆满、有弹性	皮薄、易剥离，果肉呈淡黄色或奶白色、口感甘甜香浓、柔糯不涩、香气浓郁	腐烂、过熟、过生、裂开、发黑、异味、皮肉粘连、果肉软烂
粉蕉	成熟度八成以上，鲜黄色，表皮黯淡无光，果形短而直、呈圆筒状、菱角不明显，果身圆满、有弹性	皮薄、易剥离，果肉奶白色、口感甜滑、稍有涩味	腐烂、过熟、过生、裂开、发黑、异味、皮肉粘连、果肉软烂
国产杧果	颜色黄色或黄绿色，表面光滑、有光泽，果体呈腰形，有杧果香味，手感微软、坚实	果肉为淡黄色、口感甜香、肉质幼滑，果核较大	软腐病、蒂腐病、黑斑、压伤、淤伤、过熟、过生、褐斑多、萎蔫、果皮皱
腰芒	颜色淡黄色、有褐色果斑，表面略粗糙，果体长约5厘米、呈腰形、个体均匀，手感微软	果肉为淡黄色、口感甜香、肉质幼滑，果核演化为半透明的软片	腐烂、黑斑、压伤、淤伤、过熟、过生、萎蔫、果皮皱
吕宋杧果	颜色黄色或黄绿色，表面油滑、有光泽，果体呈腰形、个体均匀，有杧果的香味，手感微软、坚实	果肉为淡黄色、口感甜、香味浓郁、肉质幼滑，果核较大	软腐病、蒂腐病、黑斑、压伤、淤伤、过熟、过生、萎蔫、果皮皱

续表

品 名	外观质量 颜色、大小、形状、外表、整齐度	口感质量 新鲜度、成熟度、多汁性、甜酸度、软硬度	合格质量 次质特征
象牙杧果	颜色黄色或青绿色,表面油滑、有光泽,果体比菲芒长、颈圆尾尖呈象牙形,个体均匀,手感微软、坚实	果肉为黄色、口感甜美、肉质软滑,果核较大	软腐病、蒂腐病、黑斑、压伤、淤伤、过熟、萎蔫、果皮皱
椰 子	颜色棕色,表面有干燥的纤维毛,果体圆形、坚硬	椰汁透明、清淡、略甜、爽口,肉甘香	外壳变黑、椰孔发黑或出水、裂开
椰 青	纤维质颜色雪白,外观削成圆柱锥形,表面湿润,摇晃水声清晰	椰汁透明、清淡、略甜、爽口,肉甘香	纤维质发黑、发红、腐烂、裂开、萎蔫、异味
牛油果	颜色为黑绿色,鹅蛋形,表面坚韧粗糙,有不平整的突起	果肉为浅绿色,皮肉可分离,肉质软滑,似牛油,有核	机械伤、过熟
人参果	颜色黄色或红色,外观橄榄形或圆球形,手感结实	果肉淡黄色、半透明状,口感清新、有人参味道	发霉、损坏、过熟
火龙果	颜色鲜红光亮,体表有较厚的短叶,底部的花萼叶较长,形状如一团火焰,叶子挺直、淡绿色,果体结实,水分充足无皱纹	果肉乳白、肉中布满芝麻状的黑色种子,肉质脆嫩、口感清淡、微甜,水分充足	腐烂、果蒂腐烂、压伤、表皮皱、叶片发黄、果体变软或无光泽、果肉变半透明状
有籽西瓜	颜色墨绿、淡绿、白绿或浓绿、淡绿相间的蛇状花纹或不规则花纹、有光泽、与地面接触处为黄色、球状或椭圆状、形周正、无瓜蒂、瓜脐小、瓜声清脆、重量较轻、瓜身坚实	瓜皮较薄,瓜肉鲜红、淡红色或黄色,有黑色或褐色籽,水分充足、汁多,肉脆爽起沙,味道甜美	生瓜、烂瓜、酸瓜、爆裂、破洞、烂斑、过软、过熟、有异味

品　名	外观质量 颜色、大小、形状、外表、整齐度	口感质量 新鲜度、成熟度、多汁性、甜酸度、软硬度	合格质量 次质特征
无籽西瓜	颜色墨绿、淡绿、白绿或浓绿、淡绿相间的蛇状花纹或不规则花纹、有光泽、与地面接触处为黄色、球状或椭圆状、形周正、无瓜蒂、瓜脐小，瓜声清脆，重量较轻，瓜身坚实	瓜皮较厚，瓜肉为鲜红色、淡红色，无籽，水分充足，汁多，肉脆爽起沙，味道甜美	生瓜、烂瓜、酸瓜、爆裂、破洞、烂斑、过软、过熟、有异味
黄肉西瓜	颜色淡绿色、白绿或黄绿相间的不规则或蛇状花纹、有光泽、与地面接触处为黄色，球形、瓜形周正，无瓜蒂、瓜脐小，瓜声清脆，重量较轻，瓜身坚实	瓜皮薄且脆，瓜肉为黄色，有黑色籽，肉质脆爽，味道甜香，水分极多	生瓜、烂瓜、酸瓜、爆裂、破洞烂斑、过软、过熟、有异味
哈密瓜	颜色黄白、黄绿、灰绿或金黄色、色泽鲜艳，椭圆形，表面粗糙、网纹细且布满全瓜，瓜身坚实微软、瓜蒂较软，有浓郁的香气	瓜肉呈橘红色或黄白色、肉厚，肉质紧密脆细，口感甜蜜软糯香浓甘醇	裂开、压伤、烂洞、花条、腐烂、斑点、过软、网纹不明显
网纹甜瓜	颜色绿白、浅绿色，圆形，表面粗糙、网纹粗且布满全瓜，瓜身坚实	瓜肉呈白或黄白色、肉厚、紧密脆细，口感甜蜜软糯、香浓甘醇	裂开、压伤、烂洞、腐烂、斑点、过软、网纹不明显
香　瓜	颜色黄白、绿白或乳白色、有光泽，表面光滑，球形、卵形或椭圆形，有瓜柄且柄部有浓郁的香气，瓜身坚实	皮薄，瓜肉呈白、黄白或绿白色，肉厚、紧密脆细，口感甜蜜、香浓甘醇	生瓜、烂瓜、爆裂、破洞、烂斑、过软、过熟、淤伤、擦伤、瓜形不正、褐斑多

"农超对接" 你问我答

续表

品　名	外观质量 颜色、大小、形状、外表、整齐度	口感质量 新鲜度、成熟度、多汁性、甜酸度、软硬度	合格质量 次质特征
黑美人 西瓜	颜色深绿，瓜表间有不规则的花纹，表面光滑有光泽、椭圆形、瓜形周正，无瓜蒂，瓜声清脆，瓜身坚实	瓜皮薄且脆，瓜肉为深红色，有黑色籽，肉质脆爽，味道甜香、多汁	生瓜、烂瓜、爆裂、破洞、烂斑、过软、过熟
珍珠瓜	颜色黄绿或绿白色、有光泽，表面光滑、球形或椭圆形，瓜身坚实、微软	皮薄，瓜肉呈红色，有籽，肉紧密脆细，口感香甜、汁多	生瓜、烂瓜、爆裂、破洞、烂斑、过软、过熟、压伤、淤伤、擦伤
洋白瓜	颜色绿白色、有光泽，表面光滑、球形或椭圆形，瓜声坚实、微软	皮薄，瓜肉呈奶白色，肉厚、紧密脆细，口感多汁、甜美、甘醇	生瓜、爆裂、破洞腐烂、过软、过熟、压伤、淤伤、擦伤、有绿斑
黄河密瓜	颜色金黄色、有光泽，无花纹、网纹，表面光滑、球形或椭圆形，瓜身坚实、微软	瓜肉呈浅黄色，有籽，肉厚、紧密脆细，口感软糯、香浓甘醇	生瓜、爆裂、破洞、腐烂、过软、过熟、压伤、淤伤、擦伤、有绿斑

"农超对接" 关注重点

Q1 **"三品一标""食品可追溯体系"在"农超对接"中的作用是什么？**

在"农超对接"过程中，超市为维护自身的品牌信誉，非常注重农产品质量与安全。"食品可追溯体系"清晰记录了农产品生产的各个环节信息，强化了生产过程管理，能够有效保障农产品质量。"三品一标"是无公害农产品、绿色食品、有机农产品和农产品地理标志的统称，是政府主导的安全优质农产品公共品牌，能够促使生产者保护生态环境，生产出安全的农产品，从而有效保障农产品安全。"三品一标"和"食品可追溯体系"能够增加与超市合作的谈判筹码。

Q2 **什么是无公害农产品？**

无公害农产品是指产地环境符合无公害农产品的生态环境质量，生产过程必须符合规定的农产品质量标准和规范，有毒有害物质残留量控制在安全质量允许范围内，安全质量指标符合《无公害农产品（食品）标准》的农、牧、渔产品（食用类，不包括深加工的食品）经专

图4 无公害农产品标志

门机构认定，许可使用无公害农产品标识（图4）的产品。

Q3 无公害农产品如何进行认证？

（1）所需材料　申请无公害农产品需要提供以下材料：①《无公害农产品产地认定与产品认证申请和审查报告》；②国家法律法规规定申请人必须具备的资质证明文件复印件；③《无公害农产品内检员证书》复印件；④无公害农产品生产质量控制措施（内容包括组织管理、投入品管理、卫生防疫、产品检测、产地保护等）；⑤最近生产周期农业投入品（农药、兽药、渔药等）使用记录复印件；⑥《产地环境检验报告》及《产地环境现状评价报告》（市级工作机构选定的产地环境检测机构出具）或《产地环境调查报告》（市级工作机构出具）；⑦《产品检验报告》原件或复印件加盖检测机构印章（农业部农产品质量安全中心选定的产品检测机构出具）；⑧《无公害农产品认证现场检查报告》原件（负责现场检查的工作机构出具）；⑨无公害农产品认证信息登录表（电子版）；⑩其他要求提交的有关材料。

　　申请产品扩项认证的，除《无公害农产品产地认定与产品认证申请和审查报告》外，附报材料需提交⑤、⑦、⑧、⑨和《无公害农产品产地认定证书》及已获得的《无公害农产品证书》。申请复查换证的，除《无公害农产品产地认定与产品认证申请和审查报告》外，附报材料需提交⑧、⑨。

（2）**办理程序** 无公害农产品认证程序见图5。

> 县级工作机构受理申请材料。申请人首先提交申请材料到县级工作机构，县级工作机构受理申请，并进行形式审查，对申请资料进行符合性确认，并实施现场检查、环境检验、产品检测

> 市级工作机构初审。市级工作机构进行产地认定审核，通过则颁发产地证书，并上报农业部农产品质量安全中心进行认定产地备案，同时对产品证书申报进行初审

> 专业认证分中心复审。专业认证分中心对申请进行复审，如果需要现场审核，委派检查员进行现场核查

> 农产品质量安全中心终审。农产品质量安全中心审核处对申报进行终审，并报送农产品质量安全中心主任签批

> 制证发证。农产品质量安全部中心办公室制作并发放证书

图5　无公害农产品认证程序

Q4 什么是绿色食品？

　　绿色食品是指在无污染的条件下种植、养殖，施用有机肥料，不用高毒性、高残留农药，在标准环境、生产技术、卫生标准下加工生产，经权威机构认定并使用专门标识（图6）的安全、优质、营养类食品的统称。绿色食品标准分为两个技术等级，即 AA 级绿色食品标准和 A 级绿色食品标准。

AA 级绿色食品标准要求：生产地的环境质量符合《绿色食品产地环境质量标准》，生产过程中不使用化学合成的农药、肥料、食品添加剂、饲料添加剂、兽药及有害于环境和人体健康的生产资料，而是通过使用有机肥、种植绿肥、作物轮作、生物或物理方法等技术，培肥土壤、控制病虫草害、保

图 6 绿色食品标志

护或提高产品品质，保证产品质量符合绿色食品标准要求。

A 级绿色食品标准要求：生产地的环境质量符合《绿色食品产地环境质量标准》，严格按绿色食品生产资料使用准则和生产操作规程要求进行生产，限量使用限定的化学合成生产资料，积极采用生物学技术和物理方法，保证产品质量符合绿色食品标准要求。

Q5 绿色食品如何进行认证？

（1）所需材料

首次申请需提交以下材料：①《绿色食品标志使用申请书》；②《企业及生产情况调查表》；③ 保证执行绿色食品标准和规范的声明；④ 生产操作规程（种植规程、养殖规程、加工规程）；⑤ 公司对"基地 + 农户"的质量控制体系（包括合同、基地图、基地和农户清单、管理制度）；⑥ 产品执行标准；⑦ 法定资质文件复印件（包括营业执照、使用商标注册证、国家强制要求办理的有关证书等）；⑧ 企业质量管理手册；⑨ 申请产品预包装标

签或其设计样张；⑩ 产地环境质量监测报告；⑪ 产品检验报告；⑫ 现场检查评估报告（附现场检查照片）；⑬ 环境质量现状调查报告（附环境质量现状调查表）；⑭ 其他材料。

其中①～⑨ 由申请人提供，⑩、⑪ 由绿色食品定点检测机构提供，⑫、⑬ 由市级工作机构提供。

续展申请需提供材料：①《绿色食品续展认证申请书》；② 法定资质文件复印件（包括营业执照、使用商标注册证、国家强制要求办理的有关证书等）；③ 经核准的绿色食品证书复印件；④ 续展期原料购销合同及批次购买票据复印件（包括公司与基地的协议或合同、基地清单），自有基地的提供证明材料；⑤ 续展产品预包装标签或其设计样张；⑥ 现场检查确认回执表；⑦ 现场检查计划；⑧ 现场检查评估报告（附现场检查照片）；⑨ 产品检验报告；⑩ 环境质量监测报告（除产地环境质量发生变化）；⑪ 续展认证报告；⑫ 其他材料。

其中①～⑥ 由申请人提供，⑦～⑪ 由市级工作机构提供。

（2）办理程序

① 首次申请办理程序　首次申请程序见图 7。

市级工作机构对申请人提供的申请材料进行审查

市级工作机构组织有资质的检查员对申请材料审查合格的申请人实施现场检查

现场检查合格的，市级工作机构书面通知现场检查合格的申请人，并由申请人委托绿色食品定点产品和环境检测机构对申请产品和相应的产地环境进行检测

检测机构进行抽样检测，出具产品质量检验报告和产地环境检测报告，提交市级工作机构和申请人

市级工作机构收到产品检验报告和产地环境检测报告后提出初审意见

初审合格的，市级工作机构将初审意见及相关材料报送中心

中心对市级工作机构报送的申请材料进行书面审查，并组织专家进行评审

中心根据专家评审意见作出是否颁证的决定

中心与申请人签订绿色食品标志使用合同，颁发绿色食品标志使用证书并公告

图7　首次申请绿色食品办理程序

② 续展申请办理程序　续展申请程序见图8。

续展申请人在标志有效期满前向所在地市级工作机构书面提出续展申请

市级工作机构组织完成相关检查、检测及材料审核工作

中心对续展材料进行审核，并作出是否准予续展的决定

准予续展的，与标志使用人签订绿色食品标志使用合同，颁发新的绿色食品标志使用证书并公告

图8　续展申请绿色食品办理程序

Q6 什么是有机食品？

图9 有机产品标志

有机食品是指按照一种有机的耕作和加工方式，产品符合国际或国家有机食品要求和标准，并通过国家有机食品认证机构认证的一切农副产品及其加工品，包括粮食、食用油、菌类、蔬菜、水果、瓜果、干果、奶制品、禽畜产品、蜂蜜、水产品、调料等。有机食品的生产和加工，不使用化学农药、化肥、化学防腐剂等合成物质，也不用基因工程生物及其产物。因此，有机食品是一类真正来自于自然、富营养、高品质和安全环保的生态食品。有机产品标志见图9。

Q7 有机食品如何进行认证？

（1）所需材料 有机食品进行认证时，需要提供的材料包括：① 申请人向市级工作机构提出正式申请，填写《有机食品认证申请书》，并同时填写相应认证领域的《有机食品认证调查表》，并按照《有机食品认证书面资料清单》准备文件；若缩短、免除转换期，则需要同时填写《缩短、免除转换期申请书》。② 申请人与认证中心签订《检查合同》《标志使用合同》。③ 缴纳相关费用。

（2）办理程序

① 申请　申请人填写《有机食品认证申请书》和《有机食品认证调查表》，根据《有机食品认证书面资料清单》要求准备相关材料。申请人向分中心提交《有机食品认证申请书》《有机食品认证调查表》以及《有机食品认证书面资料清单》要求的文件。申请人按《有机产品》国家标准第四部分的要求，建立本企业的质量管理体系、质量保证体系的技术措施和质量信息追踪及处理体系。

② 文件审核　分中心将企业申报材料提交给认证中心；认证中心对申报材料进行文件审核。审核合格，认证中心向企业寄发《受理通知书》《有机食品认证检查合同》(简称《检查合同》)并同时通知分中心。认证中心根据检查时间和认证收费管理细则，制定初步检查计划和估算认证费用。若审核不合格，认证中心通知申请人且当年不再受理其申请。申请人确认《受理通知书》后，与认证中心签订《检查合同》。根据《检查合同》的要求，申请人交纳相关费用，以保证认证前期工作的正常开展。

③ 实地检查　企业寄回《检查合同》及缴纳相关费用后，认证中心派出有资质的检查员。检查员应从认证中心或分中心处取得申请人相关资料，依据准则的要求，对申请人的质量管理体系、生产过程控制体系、追踪体系以及产地、生产、加工、仓储、运输、贸易等进行实地检查评估。必要时，检查员需对土壤、产品抽样，由申请人将样品送指定的质检机构检测。

④ 编写检查报告　检查员完成检查后，按认证中心要求编写检查报告。检查员在检查完成后两周内将检查报告送达认证中心。

⑤ 综合审查评估意见　认证中心根据申请人提供的申请表、调查表等相关材料以及检查员的检查报告和样品检验报告等进行综合审查评估，编制颁证评估表；提出评估意见并报技术委员会

审议。

⑥颁证决定 认证决定人员对申请人的基本情况调查表、检查员的检查报告和认证中心的评估意见等材料进行全面审查，做出同意颁证、有条件颁证、有机转换颁证或拒绝颁证的决定。证书有效期为1年。当申请项目较为复杂（如养殖、渔业、加工等项目）时，或在一段时间内（如6个月），召开技术委员会工作会议，对相应项目作出认证决定。

一是同意颁证。申请内容完全符合有机食品标准，颁发有机食品证书。

二是有条件颁证。申请内容基本符合有机食品标准，但某些方面尚需改进，在申请人书面承诺按要求进行改进以后，亦可颁发有机食品证书。

三是有机转换颁证。申请人的基地进入转换期一年以上，并继续实施有机转换计划，颁发有机转换基地证书。从有机转换基地收获的产品，按照有机方式加工，可作为有机转换产品，即"转换期有机食品"销售。

四是拒绝颁证。申请内容达不到有机食品标准要求，技术委员会拒绝颁证，并说明理由。

⑦有机食品标志的使用 根据证书和《有机食品标志使用管理规则》的要求，签订《有机食品标志使用许可合同》，并办理有机食品商标的使用手续。

⑧保持认证 有机食品认证证书有效期为1年，在新的年度里，COFCC（中绿华夏有机食品认证中心）会向获证企业发出《保持认证通知》。获证企业在收到《保持认证通知》后，应按照要求提交认证材料、与联系人沟通确定实地检查时间并及时缴纳相关费用。保持认证的文件审核、实地检查、综合评审、颁证决定的程序

同初次认证。

Q8 什么是农产品地理标志?

农产品地理标志标示农产品来源于特定地域,产品品质和相关特征主要取决于自然生态环境和历史人文因素,并以地域名称冠名的特有农产品标志(图10)。

图10 农产品地理标志

Q9 农产品地理标志如何进行认证?

(1)所需材料 农产品地理标志认证应提供的材料包括:①地标登记申请书;②申请人资质证明;③农产品地理标志产品品质鉴定报告;④质量控制技术规范;⑤地域范围确定性文件和生产地域分布图;⑥产品实物样品或者样品图片;⑦其他必要的说明性或者证明性材料;⑧农产品地理标志现场核查报告;⑨农产品地理标志登记审查报告。其中①~⑦由申请人提供,⑧和⑨由市级农产品地理标志工作机构提供。

(2)地理标志使用申请 符合条件的单位和个人,可以向登记证书持有人申请使用农产品地理标志。双方签订使用协议后,标志使用人可以选择农产品地理标志印刷使用或加贴使用。如印刷使用,需依据《农产品地理标志公共标识设计使用规范手册》进行;如要加贴使用防伪标识,向农业部农产品质量安全中心统一征订,部级工作机构进行协议备案、信息核实、标志发放等工作。

所需材料：① 地理标志使用申请书；② 生产经营者资质证明；③ 生产经营计划和相应质量控制措施；④ 规范使用农产品地理标志书面承诺；⑤ 其他必要的证明文件和材料；⑥ 农产品地理标志使用协议。

其中材料 ① ~ ⑤ 由标志使用申请人提供，⑥ 由登记证书持有人与标志使用申请人签订。

Q10 什么是食品可追溯体系？

食品在生产的全过程中，供应链所有的企业实施食品可追溯体系，按照安全生产的方式生产食品，记录相关信息，并通过标识技术将食品来源、生产过程、检验检测等可追溯信息标注于可追溯标签中，使该食品具备可追溯性。

与普通食品相比，可追溯食品的主要特点：① 消费者通过可追溯食品上的可追溯标签可以查看该食品的各种信息，了解食品的质量与安全性；② 由于遵照安全生产的方式，因而可追溯食品的质量安全性高于普通食品；③ 该食品发生食品安全问题时，相关企业或监管者可以通过可追溯体系中的信息来识别问题来源，必要时实施召回。

Q11 国家禁用和限用农药有哪些？

禁止生产销售和使用的农药名单（40 种，不区分胺苯磺隆、甲磺隆复配制剂和单剂）：六六六、滴滴涕、毒杀芬、二溴氯丙烷、杀虫脒、二溴乙烷、除草醚、艾氏剂、狄氏剂、汞制剂、砷类、铅类、敌枯双、氟乙酰胺、甘氟、毒鼠强、氟乙酸钠、毒鼠硅、甲胺磷、甲基对硫磷、对硫磷、久效磷、磷胺、苯线磷、地虫硫磷、甲基硫环磷、磷化钙、磷化镁、磷化锌、硫线磷、蝇毒磷、治螟磷、特丁硫磷、氯磺隆、福美胂、福美甲胂、胺苯磺隆单剂、甲磺隆单剂（38种）。百草枯水剂自2016年7月1日起停止在国内销售和使用。胺苯磺隆复配制剂、甲磺隆复配制剂自2017年7月1日起禁止在国内销售和使用。三氯杀螨醇自2018年10月1日起，全面禁止销售和使用。

国家限制使用的23种农药：甲拌磷、甲基异柳磷、内吸磷、克百威、涕灭威、灭线磷、硫环磷、氯唑磷，不得用于蔬菜、果树、茶树、中草药材上。自2018年10月1日起，禁止克百威、甲拌磷、甲基异柳磷在甘蔗作物上使用。水胺硫磷不得用于柑橘树。灭多威不得用于柑橘树、苹果树、茶树、十字花科蔬菜。硫丹不得用于苹果树、茶树。2015年10月1日起，溴甲烷的登记使用范围和施用方法变更为土壤熏蒸，撤销除土壤熏蒸外的其他登记；氯化苦的登记使用范围和施用方法变更为土壤熏蒸，撤销除土壤熏蒸外的其他登记。氧乐果不得在甘蓝、柑橘树上使用。三氯杀螨醇不得用于茶树上（自2018年10月1日起，禁止三氯杀螨醇销售、使用）。氰戊菊酯不得用于茶树上。杀扑磷禁止在柑橘树上使用（现仅有原药登记，无登记有效期内的制剂产品）。丁酰肼（比久）不得在花生上使用。氟虫腈除卫生用、玉米等部分旱田种子包衣剂外的其他用途被禁止。毒死蜱自2016年12月31日起，禁止在蔬菜上使用。三唑磷自2016年12月31日起，禁止在蔬菜上使用。磷化铝应当采用内外双层包装，外包装应具有良好密闭性，防水、防潮、防气体外泄，自2018年10月1日起，禁止销售、使用其他包装的磷化铝产品。自2018年10月1日起，禁止氟苯虫酰胺在水稻作物上使用。

Q12 农产品检测标准有哪些？

农产品在进入超市前，需要按双方约定进行农产品检测，符合产品质量标准的农产品才有资格进入超市。具体标准详见《分类食品对应检测项目与国际汇总》。

Q13 为什么要制定农产品等级规格标准？

2015 年 8 月 1 日，农业部颁布了《农产品等级规格评定技术规范通则》等 131 项农业行业标准，详见中华人民共和国农业部公告第 2258 号。

多年来由于没有等级规格标准，农民出售的蔬菜大多混等散装，外观质量差，卖不出好价钱，不能实现优质优价。蔬菜混等散装上市，既不便于贮藏和搬运，又容易在运输和装卸过程中造成外伤，加大损耗，影响农民增收。农业部启动了农产品等级规格标准制定和推广工作，引导农产品分级包装上市，提高农产品的质量标准化、重量标准化、包装规格化，提升农产品整体形象，引导优势产业做大做强。

Q14 我国特色农产品产区有哪些？

我国幅员辽阔，每个地区甚至每个县，都有自己的特色产品，了解本地区的特色农产品，有利于规模化生产和品牌传播。在"农超对接"合作方寻找过程中，拥有特色农产品能够提升合作成功的概率。我国特色农产品产区详见《特色农产品区域布局规划（2013—2020年）》。

Q15 首批"农超对接"示范项目有哪些？

2011年6月，中国连锁经营协会（CCFA）公布了首批"百个农超对接示范项目"名单，共有43家（表2）。

表2　首批"农超对接"项目

序　号	连锁零售企业	农业企业／合作社／基地
1	山东家家悦集团有限公司	家家悦都乐农场
2	家乐福（中国）	辽宁成大贸易发展有限公司
3	沃尔玛（中国）投资有限公司	深圳市鑫荣懋实业发展有限公司
4	重庆永辉超市有限公司	重庆市武隆县曙光蔬菜专业合作社
5	华润万家有限公司	深圳市永桦农产品有限公司
6	武汉中百农产品经营有限责任公司	湖北省武汉市中百柏泉快生菜基地
7	北京物美商业集团股份有限公司	山东省淄博市临淄区众得利蔬菜专业合作社
8	苏果超市有限公司	湖北省南京陆港禽业专业合作社
9	福建新华都购物广场股份有限公司	福建省漳州市芗城高山果蔬农民专业合作社
10	步步高商业连锁股份有限公司	湖南省韶山市农发果蔬种植农业合作社
11	北京京客隆商业集团股份有限公司	河北省固安县顺斋瓜菜种植专业合作社
12	河南大张实业有限公司	河南省宜阳县涧水果蔬专业合作社
13	邯郸市阳光超市有限公司	河北省邯郸县赵都鲜果合作社
14	山东九州商业集团有限公司	山东省临沂市兰山区清春蔬菜种植农民专业合作社
15	陕西民生家乐商业连锁有限责任公司	陕西省礼泉县白鸽鲜果蔬菜专业合作社

续表

序 号	连锁零售企业名称	农业企业/合作社/基地
16	安徽省徽商红府连锁超市有限责任公司	安徽省合肥市庐阳区佳诚蔬菜种植农民专业合作社
17	泰纳国际果业（北京）有限公司	北京今泰缘农产品产销专业合作社
18	武商量贩连锁有限公司	湖北省武汉市强鑫蔬菜产销专业合作社
19	河北美食林商贸集团有限公司	河北省永年县长青无公害蔬菜专业合作社
20	浙江人本超市有限公司	浙江省温州市龙斯尔果蔬专业合作社
21	北京超市发连锁股份有限公司	河北省尚义蔬菜种植专业合作社
22	贵州合力购物有限责任公司	贵州省贵阳市白云区牛场乡小山村蔬菜专业合作社
23	江西省龙南县宏昌商贸有限责任公司	江西省龙南县武当镇龙绿无公害蔬菜专业合作社
24	山东全福元商业集团有限责任公司	山东省在春蔬菜专业合作社
25	心连心集团有限公司	湖南省湘潭县湘九红蔬菜产业合作社
26	杭州联华华商集团有限公司	陕西省延长县晨阳优质果品专业合作社
27	安徽百大合家福连锁超市股份有限公司	安徽省肥东县金色大地蔬菜专业合作社
28	成都红旗连锁股份有限公司	四川省邛崃市三甲科技猕猴桃专业合作社
29	江苏新合作常客隆连锁超市有限公司	江苏董浜蔬菜专业合作联社
30	河北省惠友商业连锁发展有限公司	河北省涿州市飞马农副产品专业合作社
31	胜利油田胜大超市	山东省广饶县顺农蔬菜种植农民专业合作社
32	唐山家万佳超市有限公司	河北省唐山市丰南区裕民果品产销专业合作社
33	天虹商场股份有限公司	山东省招远联蕾果品专业合作社
34	成都伊藤洋华堂有限公司	四川省成都市龙泉驿区洛带成兴水果销售坊
35	哈尔滨中央红集团超市有限责任公司	黑龙江省五常市稻谷种植专业合作社

序　号	连锁零售企业名称	农业企业／合作社／基地
36	兴隆四百生活广场	辽宁省大洼县广会蔬菜种植合作社
37	联盛商业连锁股份有限公司	江西省九江县永安乡甜宝瓜种植专业合作社
38	华糖洋华堂商业有限公司	北京圣泽林梨专业合作社
39	上海世纪联华超市发展有限公司	陕西省万格美拉蔬菜专业合作社
40	山东金孚隆股份有限公司	山东省高密市神泉山农副产品合作社
41	欧尚（中国）投资有限公司	上海景鲜蔬菜种植专业合作社
42	上海家得利超市有限公司	上海恒孚蔬菜种植专业合作社
43	青岛维客集团股份有限公司	山东省青岛钱谷山蔬菜专业合作社

Q16 "农超对接"如何保障对接双方交易公平性？

2006 年 7 月 13 日，商务部第七次部务会议审议通过《零售商供应商公平交易管理办法》，并经发改委、公安部、税务总局和工商总局同意，自 2006 年 11 月 15 日起施行。"农超对接"双方可依据该管理办法解决交易中出现的有失公平等问题。

Q17 "农超对接"合作协议是怎样的？

为保障双方权益，在进行"农超对接"时，对接双方要签订合作协议。各种"农超对接"项目的合作协议均有差异，重点不同，繁简也有不同。下文是范本，仅供参考。

案例

"农超对接"合同范本

甲方（超市）：

乙方（合作社或公司）：

为了能及时为广大人民群众提供新鲜无公害、绿色优质农产品，甲乙双方在平等互利、合作共赢的基础上，自愿建立"农超对接"合作伙伴关系。为明确双方权利和义务，签订协议如下：

一、蔬菜购销的品种、数量、质量及优惠方式

甲方按实时市价收购乙方生产的合格的无公害蔬菜，并同意免除乙方进超市的上架费、进场费。乙方应根据甲方的蔬菜订购需求及时为甲方提供新鲜无公害的优质蔬菜。

二、合同期限

本农超对接合同期限暂定为：

从＿＿＿年＿＿＿月＿＿＿日起到＿＿＿年＿＿＿月＿＿＿日止。

三、甲方的权利义务

1. 甲方对乙方交售的蔬菜必须及时验收。

2. 甲方评定蔬菜质量、等级要严格按照国家规定的有关质量标准，不得任意压级压价。

3. 甲方应根据乙方的蔬菜销售数量和议定价格，每周通过银行账户（或现金）及时承付乙方菜款。

4. 甲方对乙方交售的不合规格要求、有问题的蔬菜，有权拒收，但必须向乙方及时认真说明理由。

5. 乙方如未完成交售蔬菜数量，甲方可向乙方收取占本次蔬菜总金额 5% 的违约金。

四、乙方的权利义务

1. 为确保人民群众身体健康，乙方必须按照蔬菜无公害标准和技术要求生产，及时提供新鲜无公害、安全、优质

的蔬菜。

2. 乙方蔬菜生产如受异常气候条件、自然灾害的影响，要及时向甲方通报，方可减少协议任务，并不以违约论处。

3. 乙方完成向甲方交售蔬菜的任务后，有权自行对外销售。

五、甲方违约责任

1. 甲方如无故拖延乙方交售蔬菜时间，或故意压级压价，应赔偿乙方的直接经济损失。

2. 甲方如拖延支付乙方菜款的时间，应按银行关于拖延付款的罚款规定，向乙方偿付违约金。

六、乙方的违约责任

1. 乙方如不完成协议规定的交售蔬菜任务，应根据所欠蔬菜数量任务，向甲方偿付相应违约金。

2. 乙方交售的蔬菜，如被检测出农残超标，属于不合格不安全蔬菜，除该批次蔬菜进行销毁不付货款外，甲方有权向食品安全监管部门报告，如果因此对消费者造成伤害，乙方应承担一切责任。

七、不可抗力因素处理

如因不可抗力的自然灾害造成蔬菜种植生产的损失，不以乙方违约论处，甲方应根据客观情况减少直至免除乙方所承担的交售任务。

八、其他事项

1. 甲方对收购的蔬菜系列产品实行优化淘汰制，凡乙方所提供的蔬菜在 3 个月内达不到约定数量和质量要求的，甲方有权实行末位淘汰；乙方也可主动办理退场手续，相关费用由乙方承担。

2. 本协议自甲乙双方签字之日起生效，甲乙双方任何一方不得擅自修改或解除合同，如双方代表人发生变更，也不得随意变更合同。本协议内如有未尽事宜，必须由甲乙双方共同协商，作出补充规定，补充规定与本协议具有同等效力。合同期满，甲乙双方可根据对下一年蔬菜供求的预测，重新签订蔬菜购销合同。本协议正本一式两份，甲乙双方各执一份。

甲方（盖章）：

代表（签字）：

年　　月　　日

乙方（盖章）：

代表（签字）：

年　　月　　日

"农超对接"实践案例

五

Q1 家乐福如何进行"农超对接"?

（1）家乐福介绍　家乐福进入中国发展已经有 20 多年，截至 2015 年底，家乐福在中国的 60 多个城市开设了 200 多家大卖场、10 家便利店，拥有员工 6 万余人。2011 年，家乐福"蔬果茂"项目正式在中国开展，基于家乐福采购数据库以及在中国"农超对接"经验，"蔬果茂"将中国的优质农产品输往国际市场。

（2）"农超对接"模式　家乐福"农超对接"主要采取"超市 + 合作社 + 农户"的模式（图 11）。其农超对接项目由总部和

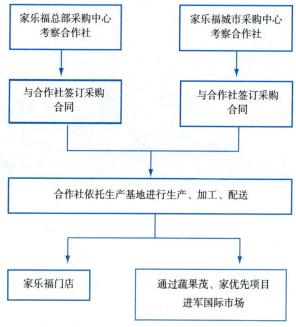

图 11　家乐福"超市 + 合作社 + 农户"模式采购流程

城市采购中心分别负责。总部直采小组负责采购的产品供应全国门店，主要采购水果和适合长距离运输的蔬菜；城市采购中心采购的直供产品主要供应当地门店，重点采购城市周边的蔬菜和当地的名优水果。

自 2007 年起，家乐福开始推行农超对接项目，不但能够提高产品质量、降低产品价格，而且有助于提高农民的收入。目前家乐福"农超对接"项目已与 572 家合作社建立合作关系，受惠农民达到 127 万人，采购总量达到 61.4 万吨。

（3）家乐福"农超对接"特点

① 通过农民专业合作社来组织产品　家乐福选取合作社的标准：合法合规、拥有完备文件的合作社；合作社所有收益必须保证至少 60% 回馈给农民；合作社必须设在生产基地；合作社必须销售社员生产的产品；合作社必须从产地发货，不能从批发市场发货。

② 针对农民进行培训　针对合作社负责人、社员代表、负责合作社的基层干部进行培训。强化经营理念方面的培训，教授农民与超市合作的具体步骤和注意事项，以及农产品质量安全及风险防范，确保超市食品安全。发掘优质农产品和寻找潜力合作社，加大采购力度，销售更多的优质农产品至全国各地。至 2011 年底，家乐福食品安全基金已在全国 21 个省（市、区）组织了 36 期农超对接培训，共有 2 390 个合作社代表参加。至 2014 年年底，在农业部和商务部的支持下，家乐福在全国组织了超过 50 场培训，超过 6 000 余名农民代表参加了培训。

③ 专设 1 元直采蔬菜区　家乐福的直采取消了中间环节，减少了收购商、批发商、二级批发商、本地供应商的层层加价，节约了 20% 的成本，成本的一部分用于提高农民收入，另一部分则

使消费者获得较低的蔬菜价格。通常情况下，家乐福从农户手中收购的农产品价格要比地头收购商高 10%～15%，而卖给消费者的价格比正常价格低 10% 左右。2012 年 3 月，家乐福上海 22 家门店对 "1 元直采区" 进行全面升级，丰富了蔬菜品种，扩大了直采产地范围，并逐渐推广到全国门店。

④ 重视食品安全　家乐福严格挑选产地，只有产品符合家乐福采购标准的合作社，才会与之签订长期供货合同。通过培训来提高农民的技术管理水平，通过给农户分发质量手册，与农民一同对农产品质量进行把关。通过合作社来控制生产流程，农产品质量和新鲜程度都得到了较好的保证。

⑤ 结款账期短　家乐福与普通供应商的结款账期一般为 60 个工作日，为了给农民带来实惠，特别缩短了与农民专业合作社的结账周期，目前从 15 个工作日缩短到了 5 个工作日。

⑥ "蔬果茂" 和 "家优先" 项目将中国农产品推向国际市场　家乐福始终立足中国市场，积极带动本地供应商和农户的共同发展。通过不断地探索，家乐福先后于 2011 年和 2014 年推出了 "蔬果茂" 和 "家优鲜" 两个可持续发展项目，使新一代农企合作模式在中国掀起了持续的热潮。

"蔬果茂" 是家乐福集团旗下负责生鲜货品采购的公司，总部位于西班牙瓦伦西亚，拥有 25 年专业的采购经验。2011 年 11 月，家乐福 "蔬果茂" 成立上海办事处，"蔬果茂" 项目正式在中国启动。至 2014 年，"蔬果茂" 专注采购中国优质农产品出口到家乐福位于全球的终端市场，并致力于帮助中国合作社提升产品质量标准、食品安全控制程序以及处理国际业务的能力。据了解，"蔬果茂" 在全世界的 42 个国家和地区运作，采购的中国新鲜农产品可以通过这个渠道出口至位于欧洲、南美、中东和亚洲 4 大区的

15 个家乐福所在国家。

据家乐福"蔬果茂"项目相关负责人介绍，截至 2014 年，"蔬果茂"已累计从山东、福建、河北、江西等地采购了苹果、柚子、梨、橙子、大蒜、生姜等农产品 12 000 余吨，总采购额超过 7 600 万元。"蔬果茂"在中国的推进，无疑为中国农民合作社的发展注入了新的活力，为中国农产品提供了一个巨大的发展空间。

"家优鲜"是家乐福全球可追溯农产品品牌，已在有家乐福门店的欧洲和其他国家践行多年，秉承农业可持续发展的精神价值，"零"中间商的承诺让"物美价廉"不再是口号。在惠及消费者的同时，也帮助农业生产者提升产品的市场竞争力，改进种植知识技能、改善收益。据了解，家乐福还会为长期合作的供应商提供从生态环境保护到种植技术的全程培训，双方共同建设、培育"家优鲜"的可持续经营链条。2014 年 9 月，家乐福将该项目正式引入中国，并在福建平和县签署了中国的第一个"家优鲜"项目——"家优鲜"蜜柚，也是全球范围内的第 529 个家乐福"家优鲜"项目。

据家乐福"家优鲜"项目相关负责人介绍，"家优鲜"出产的农产品，标准是非常严格的，因为他们还在社会和环境保护方面对成为家优鲜认证的合作者有强制性的要求。例如，此次的"家优鲜"蜜柚，家乐福法国总部早在一年半前就从法国派遣专业人员进入蜜柚的产地——琯溪，挑选农户和种植基地，对蜜柚从施肥至采摘进行全程监控，要求使用 70% 以上的有机肥、人工除草，不准使用生产调节剂，采摘后不准化学保鲜，全程 100% 生产记录追踪，并且从果园到超市实现"零"中间商。"家优鲜"产品进店之后，通过箱子上的批次代码就能够追溯到每个柚子的种植记录。

（4）"农超对接"实施效果

① 在我国出现了一种全新的农产品流通模式，即"超市＋合作社＋农户"。

② 依靠超市纵深零售能力，将西部欠发达地区的特色农产品，分销到东部地区。

③ 通过超市运营，为农民专业合作社建立了自己的农产品品牌。

④ 通过推广"家乐福品质体系"，把超市的农产品标准普及给合作社及农户，推进了产品标准化和产品安全化。

Q2 沃尔玛如何进行"农超对接"？

（1）沃尔玛介绍　沃尔玛自 2007 年尝试开展"农超对接"项目，旨在通过帮助农民进行专业化、规模化的生产，提高产品的市场适应力，根据市场需求引导生产，一方面为农民增加收入，另一方面也为中国消费者带来更加新鲜、安全、可口的农产品。2008 年 12 月，沃尔玛与其他 9 家大型连锁超市一起被商务部和农业部评定为国家首批"农超对接"试点企业。2011 年 6 月，沃尔玛已在全国 19 个省市建立了 67 个"农超对接"基地，总面积超过 80 万亩，带动农民超过 100 万人。

（2）"农超对接"模式

① "超市＋第三方服务企业＋认证基地＋农户"模式　沃尔玛采购部和质量审核部门经过实地考察，选择合适可靠的农产品生产基地，委托第三方加工配送。委托方按照商品采购计划定量采购农产品、检测农残、包装并配送到门店销售（图 12）。这一模式主要采购蔬菜、水果和肉类 3 个类别。

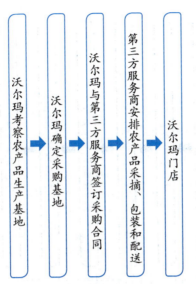

图12 沃尔玛"超市＋第三方服务企业＋认证基地＋农户"模式采购流程

这一模式对基地的基本要求：基地规模较大，能够供应较多门店的促销要求；产品质量优良，符合国家相关标准。

②"超市＋合作基地＋农户"模式 沃尔玛质量控制部门及第三方检测公司通过实地考察及资质核查，确定某生产基地为沃尔玛合作生产基地。沃尔玛与合作基地建立长期固定的采购协议。合作基地在沃尔玛质量控制部门和第三方检测公司的指导和监督下，以现代化的管理方式负责农产品的种植、检测、采收、冷藏、包装、配送等生产加工程序，并且通过专用配送设备从生产基地将农产品送往商场销售（图13）。

这一模式对基地的基本要求：基地达到一定规模。蔬菜、水果基地总面积1000亩以上，猪养殖场年出栏10000头，牛养殖场年出栏5000头，羊养殖场年出栏20000头，鸡养殖场年出栏

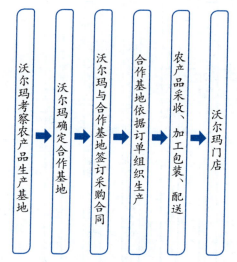

图 13　沃尔玛"超市 + 合作基地 + 农户"模式采购流程

50 000 只，鱼类、蟹类的养殖面积 500 亩以上，海鲜类加工能力年产 5 000 吨以上；取得无公害认证、绿色认证、有机认证等；具有一定的加工、冷藏、配送能力；具有完善的食品安全管理体系，食品可追溯；具有良好的耕地配置、农耕机械配置、农残检测能力等，可通过自检或送检定期进行农残检测和土壤检测；农场设立标志标明四周界限、面积及防污染警示。农场以及生产基地周边无污染企业，无"三废"污染等。

（3）沃尔玛"农超对接"特点

① 通过农业产业化龙头企业为中介同农户合作　由于合作社和农民的整体水平参差不齐，沃尔玛在基地建设过程中，较多地通过农业产业化龙头企业为中介与农民进行合作。沃尔玛倾向于和流通体系健全的龙头企业进行合作。龙头企业对产品质量安全

负责，负责产品包装和运输，产品到超市经过检验合格后，直接上架销售。

②提高农民的市场适应能力和收入　自2007年沃尔玛开始农产品直采尝试以来，帮助了农民改变小农意识，提高市场的适应能力、引导标准化和规模化生产、指导农民在生产中推进环境保护。

③推广可持续种植模式　沃尔玛对进入中国超市的农产品严格执行国际通行的GAP（良好农业规范）标准，该标准主要涉及大田作物种植、水果和蔬菜种植、牛羊养殖、奶牛养殖、生猪养殖、家禽养殖等农业产业标准。推动了农业标准化和规模化，推广了可持续种植模式和建立农产品追溯体系，提高了农产品食品安全，促进订单农业发展。

④持续对农民进行农业方面培训　由沃尔玛美国总部提供相应资金，对农超对接基地的农民做可持续农业方面的培训，比如化肥使用、环境保护等。邀请农业领域的专家和农产品供应商深入田间地头，为农民进行现场培训，帮助他们采用新的种植方法，从更科学的角度管理水、土壤、农药、肥料等的应用。

⑤完善食品安全控制体系　沃尔玛建立了食品安全监督体系和"农超对接"基地自身食品安全体系。食品安全监督体系包括"农超对接"基地准入制度、复检制度、抽样测试制度。食品安全体系能够使"农超对接"基地质量管理体系有效运作，提高基地的农产品安全和质量。

（4）"农超对接"实施效果

①消费者获得新鲜安全食品　农超对接项目有效帮助消费者获得新鲜、安全、可口和实惠的农产品，将沃尔玛"从农场到餐桌"的食品安全概念落实到产品上。

②增加农民收入　沃尔玛从农户手中直接采购农产品，让农

民有了较大的获利空间。沃尔玛帮助农民提高市场适应能力，鼓励和引导标准化和规模化生产，向农户介绍最新的环保种植方法，让农民打开了大市场，不仅可以和沃尔玛合作，还可以和其他商家合作。

③ 保护农业环境　沃尔玛注重环境和湖泊资源保护，包括设备、土壤、种子贮备和加工处理等环节，从而降低了企业以及消费者所购买每件产品的综合碳排放量。

④ 促进地方经济的发展　沃尔玛借助供应链规模的优势进行本地和全球采购，对中国经济带来积极的影响，同时也对政府加快地方经济发展提供了支持，为带动地方经济发展带来巨大的推动力。

Q3 麦德龙如何进行"农超对接"？

（1）麦德龙介绍　麦德龙股份公司常称作"麦德龙超市"，是德国最大、欧洲第二、世界第三的零售批发超市集团，世界 500 强之一，分店遍布 32 个国家。经营现购自运制商场、大型百货商场、超大型超市折扣连锁店、专卖店等。麦德龙 1995 年来到中国，与上海锦江集团合作，建立了锦江麦德龙现购自运有限公司。锦江麦德龙现购自运有限公司是第一家获得中国政府批准在中国多个主要城市建立连锁商场的合资企业。迄今，麦德龙在中国的 58 个城市开设 86 家商场，拥有超过 11 000 名员工和逾 500 万客户。商场提供 17 000 种以上食品，30 000 种以上的非食品，特别是在生鲜食品的供应上，包括水果、蔬菜、活鱼、肉制品、奶制品。集团已在全球 35 个国家拥有超过 2 100 家门店，公司 2016 年销售额达到了 371 亿欧元。

（2）**"农超对接"模式** 采用"超市＋农业咨询公司＋基地＋农户"模式。2007年底麦德龙在中国成立麦咨达农业信息咨询有限公司（简称麦咨达）。麦咨达聘请多名欧洲农产品质量与安全专家，充分利用当地高校和农技推广中心的人员、设施等条件，整合多方资源，组建了一个由农技质量培训师为主体的工作团队，通过关注细节、全局思维及高效工作，依据麦咨达质量保障体系和国际农产品质量标准，对合作企业和农民进行生产、加工、包装、物流及市场运作等全方位的专业培训与咨询，加强安全质量管理，提高企业品牌形象及产品市场占有率（图14）。实现"农场到餐桌"的全过程产品质量控制及可追溯，带给消费者更多安全可追溯的高质量产品。截至2009年底已给国内外近100家农业企业提供咨询服务，咨询设计的行业有果蔬、家禽、牛羊肉、水产、奶制品等。

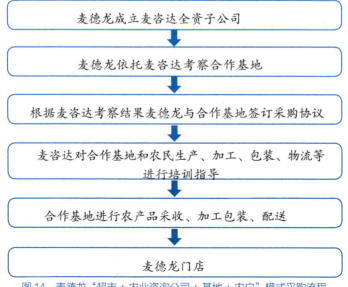

图14 麦德龙"超市＋农业咨询公司＋基地＋农户"模式采购流程

麦德龙超市通过麦咨达公司，按照全球良好的农业操作规范，开展"超市＋农业咨询公司＋基地＋农户"对接模式。麦德龙超市通过麦咨达公司从"教农民怎么种田""怎么包装蔬菜"等问题入手，保证农产品从生产、加工、物流到销售都符合消费者对食品安全的要求。

麦德龙的农超对接理念是"让农产品与麦德龙的顾客直接对接"，顾客需要什么，农民就生产什么，避免生产的盲目性，稳定农产品销售渠道和价格，减少了流通环节，降低了流通成本，实现从产地到麦德龙商场的鲜活农产品冷链物流。

与麦德龙合作的基本要求：① 规模要求。拥有自己固定的生产加工基地，省市级农业产业化企业（合作社）或几种连片规模300亩以上基地优先考虑。② 追溯体系。根据麦咨达要求建立和维护农产品可追溯体系，真实有效实现产品从生产源头到销售终端的一一对应关系。③ 质量控制。拥有质量安全与管理人员至少1名，制定质量控制流程。④ 生产标准。接受麦咨达的标准，产品从种植、养殖、生产、加工、包装、物流整个供应链，接受麦咨达提供的质量管理与食品安全方面的咨询和技术指导。⑤ 检测报告。提供原料与产品的检测报告、内包材料检测报告及产品相关的环境检测报告，检测报告必须来自有资质的相关机构，检验标准及方法应根据国家及行业标准。此后，每半年更新产品检测报告，农产品或以农产品为原料的产品的环境检测至少应包括土壤、灌溉水、饮用水、饲料等。⑥ 货源保证。产品从源头到成品进行全过程控制，严禁使用国家及行业禁用和限用物质，严禁收购其他任何来源的产品。⑦ 质量体系维护与评估。每半年进行一次质量体系评估与维护，麦咨达提出整改项，对接方提供整改报告。

（3）麦德龙"农超对接"特点

① 冷链物流 麦德龙对鲜活农产品冷冻冷藏设施进行了大量投资，对部分鲜活农产品实行强制性冷链流通，降低鲜活农产品损耗，保证鲜活农产品质量，同时实现降低各商场的冷冻冷藏设施投入成本。

② 区域配送 麦德龙在上海和广州分别建立了鲜活农产品配送中心，除了自身物流系统外，还与第三方物流建立了广泛的合作关系，建立了与农产品物流相适应的物流体系。

③ 鲜活农产品信息化程度高 麦德龙与有条件的农民专业合作社建立了鲜活农产品信息系统，应用数字终端设备、条码技术、时点销售系统和电子订货系统等，建立了品类和供应链管理等现代管理技术，并建立了鲜活农产品质量可追溯体系。

④ 帮助合作社培育自有品牌 麦德龙广泛宣传和大力支持农民专业合作社打造自有鲜活农产品品牌，向专业顾客提供质量安全可靠可以追溯的农产品及加工制品，增强专业顾客对农民专业合作社鲜活农产品质量安全的信心，扩大了农民专业合作社鲜活农产品销售规模。

⑤ 门店销售品种多样化 扩大合作社的生产规模，麦德龙对商品结构进行了调整，增加了鲜活农产品的销售种类，扩大了鲜活农产品经营规模，提高鲜活农产品的销售比重。

⑥ 对接渠道多样化 通过政府等主管部门，定期举办合作社与卖场洽谈会、产品展示推介会，为麦德龙与农民专业合作社对接搭建平台。同时麦德龙也给农民专业合作社提供市场信息、技术咨询等服务。

（4）"农超对接"实施效果

① 满足顾客的食品安全需求 目前购买麦咨达监制产品的消

费者只要输入产品上的生产日期和农户编号，在麦咨达的网站上就能找到所购买商品的追溯信息，让食品安全更有保障。麦德龙是2008年北京奥运会零售业内唯一一家定点供应商，是2010年上海世博会零售业推荐全品种供应商。

②提升农产品品质　麦德龙通过成立专业的麦咨达公司，教农民怎样种田，怎样安全种田，实现"从农田到餐桌"的全过程质量控制及可追溯性。麦咨达为农民进行先进的技术培训，优化品质，提高产量。

③增加农民收入　通过农超对接，生产组织有机会接到大宗订单，借助麦德龙全球销售网络获得出口机会。麦德龙每年直接和间接从中国出口价值80亿元人民币的产品。麦德龙减少了中间采购环节，采用完善的冷链物流，降低了农产品损耗，为农民打造自己的品牌，增加了农产品的附加值，增加农民收入。

④建立现代化贸易模式　通过源头采购减少中间环节，为供应商提供培训，采用冷链系统物流，在农场附近建立配送平台，建立现代屠宰及鱼类处理中心，打造全面的质量管理系统，为专业顾客打造解决方案。

Q4 联华如何进行"农超对接"？

（1）联华介绍　上海联华超级市场发展有限公司（简称联华）由上海联华超市发展有限公司和华联超市股份有限公司重组而成。重组后的联华业态门店规模约2 500家（直营500家，加盟2 000家），成为中国最大的连锁企业。

联华创建于1991年5月，是上海首家以连锁经营为特征的超市公司。2003年6月在香港主板市场上市。截至2009年12月，联华拥有世纪联华大型综合超市、联华标超（联华、华联）、快客便利店、联华 OK 网上销售、药业连锁等五大业态领域，主要分布在华东、华南、西南、华北、东北等地 100 余座城市，资产总额达到 137.01 亿元。

联华和华联都是我国连锁零售著名的品牌企业，重组后的联华秉承"尊重顾客、忠于企业、团队协作、追求卓越"的价值观，恪守"顾客第一，唯一的第一"的经营理念，为员工、为社会创造价值。

（2）"农超对接"模式　联华基本上采用"超市＋基地＋农户"的模式进行农超对接。

联华根据农超对接品种、产品特点、主要产地、市场情况、历年进销存、商品价格等方面进行全面分析，最终提出采购计划。采购计划包括商品标准、数量、价格、产地等。联华通过农产品推介会、农超对接活动，考察并选择具备一定规模和条件的基地与之签订三方协议，即超市、基地、农户三方。基地将农产品送往联华的生鲜加工配送中心，加工配送中心进行处理后送往各门店销售（图 15）。

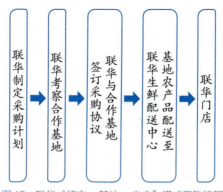

图15　联华"超市＋基地＋农户"模式采购流程

（3）联华"农超对接"特点

① 提高生鲜农产品销售比例　联华调整门店商品经营结构，打破了生鲜食品、常温商品与工业品品种为 2∶5∶3 的传统定律，大胆扩大生鲜经营品类，丰富经营品种，将生鲜产品的比例提高到 40% 以上，部分商圈门店超过 50%，更加贴近居民生活。据统计，联华股份上海标超转型门店生鲜销售平均占比为 40%，生鲜销售平均增幅高达 70%。

② 农超对接源头采购　联华的买手进山入林，下到田头，直接采购一手货。同时，以免收进场费和现金买断的形式，与多家农产品加工企业签下千万元的大订单，让土特产乘上联华的"超市直通车"进入市场。

③ 严格产品标准　联华在苹果和鸡蛋订单招标采购过程中，由农学院、农科院、技监局、食监所等权威部门专家教授组成的评标小组，对产品质量技术、企业资质和交易条件等执行"三关"审定，其中包括理化指标、感官指标、安全食用指标、鲜度指标、企业信誉度、价格优势、售后服务等诸多内容，三关评分分值分别占总分的 40%、30% 和 30%。

④ 经营理念变革　联华建立并依托生产基地，将原来流通领域中的多个采购环节转变为产销对接，由原来商品产后采购逐步转变为产前招标订购，单一的零售经营转变为产加销一体化经营模式。

（4）"农超对接"实施效果

① 基地与超市管理得到完善　产地农副产品的标准化管理、物流配送与品质保障体系建设、产地采购与门店销售的价格策略、商品陈列与市场推广等诸多方面得到建立和完善。联华充分利用自身实体网络和信息管理等现代商业优势，优化生鲜食品产业链

建设，将商业现代化引入到农业产业化的发展中。

②超市利益得到保障　早在 2006 年底，联华就在浙江地区成立了基地采购专业团队，经过几年的努力，无论是基地数、品种数还是采购规模都有了飞跃。基地蔬菜销售同比增长 181％，毛利增长 176％；水果销售增长 42.66％，毛利增长 43.28％；水产销售增长 21％，毛利增长 11％。

③农民和消费者获得实惠　农超对接既让农产品与市场直接接轨，增加农民收入，又能减少流通环节，降低超市采购成本，惠及广大消费者。

Q5 华润万家如何进行"农超对接"？

（1）华润万家介绍　华润万家是中央直属的国有控股企业集团、世界 500 强企业，是华润集团旗下优秀的零售连锁企业集团。旗下拥有华润万家、苏果、乐购、欢乐颂、乐都汇等多个著名品牌。

华润万家创立于 1984 年，30 年来，华润万家始终在可持续发展、企业社会责任以及提供就业机会等领域发挥表率作用。2016年华润万家全国自营门店实现销售 1 035 亿元，自营门店总数达到 3 224 家。2014 年华润万家与乐购中国业务合并，这是民族零售品牌与国际接轨、实现跨越式发展的重要一步。截至 2016 年，合资完成后华润万家已进入全国 29 个省、自治区、直辖市和特别行政区，241 个城市，员工人数 25 万。

（2）"农超对接"模式　采用"超市＋基地＋农户"模式。华润万家此前多以农民专业合作社合作为主，但这种方式需要在全国范围内筛选，搜寻成本较高，供给的持续性受到考验，产品也缺乏独特性，因此，后期采用的是"超市＋基地＋农户"模式。

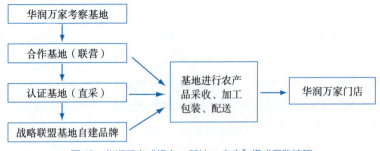

图 16　华润万家"超市 + 基地 + 农户"模式采购流程

华润万家的基地分为 3 种，合作基地、认证基地和自有品牌战略联盟基地（图 16）。合作基地，即与华润零售有稳定合作农产品，按照合作基地运作流程审核合格的基地。认证基地，即合作基地模式运作成熟，经过华润零售认证基地管理办法审核合格，授予证书使用的基地。自有品牌战略联盟基地，即认证基地运作模式成熟，双方签订战略联盟合作协议，共同进行生产、加工、配送、营销的投入及发展的基地。

合作方式有 3 种，联营、直采和自建品牌。

① 华明镇牵手华润万家——"联营销售"模式　天津市东丽区于 2010 年开始"农超对接"项目，在市政府的支持下，筹建的华明镇农业园区，在华润万家超市的推动下，与华润万家超市积极开展"农超对接"项目。农业园区主要是对接农户和超市，以合理的价格收购农产品，快速供应给超市，为消费者提供新鲜、绿色健康的农产品。农业园区与超市采用的是"联营销售"模式，即农业园区与超市合作，在超市设立生鲜农产品专柜，招聘销售员管理，超市按销售额进行扣点。

"农超对接"模式使农业园区可以获得较大和相对稳定的农产品消费市场，同时可以减少农产品流通环节，降低农产品交易成本，提高流通效率。

②华润万家农业基地——"超市直采"模式 目前华润万家已在全国20多个省市建立100家"农超对接"基地，其中华润万家在寻乌、西安、南京和睢宁的4个"农超对接"基地被中国连锁经营协会纳入全国"百个农超对接示范项目"，华润万家的"农超对接"项目不仅注重农产品品质，还考虑到地域差异的因素，积极引入灵武的长枣、宁夏的硒砂瓜、吉林的蓝莓、新疆的哈密瓜、云南的红提、周至的猕猴桃等各地的特色水果品种。

依托"超市直采"模式，华润万家实现了对农产品从生产、贮运到销售的全面监管，使消费者在华润万家就可以购买到全国各地的新鲜果蔬。"农超对接"模式可以切实帮助当地农户稳定销售渠道，获取产销信息，让农户更加注重改进种植技术，提高生鲜农产品的安全性及商品性，提供给消费者品种丰富、质优价廉的生鲜农产品。

③华润希望小镇——自有品牌"润之家" 2009年，全国首个由企业捐建华润百色希望小镇正式落成，为国家探索了一条企业利用自身资源解决"三农"问题的新道路。经过理论结合实践的研究，探索出了"超市＋基地＋农户"模式。

目前希望小镇通过农民专业合作社与华润集团进行了一系列投资。首先，由农民专业合作社与华润万家共同出资建立了华润万家育苗厂，并以育苗厂为基础，培育更多的创新品种，改良原有产品品种，逐步优化希望小镇现有的种植品种，积极引导农户种植有市场需求的农产品新品种；其次，农业合作社与华润共同出资，兴建了华润五丰家禽孵化厂，统一为村民孵化家禽。除了这些企业以外，华润集团在希望小镇还投资了农产品加工企业，全力打造华润万家的自有品牌"润之家"，现在"润之家"纽荷尔

脐橙和黄冠梨都是华润万家著名的果蔬品牌。

华润集团投资华润希望小镇的合作社，连锁超市对农业基地投入了资金，并提供相关的农业技术支持，农业基地生产的农产品全部供应给华润万家超市销售，有利于连锁超市的个性化运营，同时也提高了华润万家自有品牌"润之家"的品牌影响力。

（3）华润万家"农超对接"特点　华润万家农超对接的最大特点是与基地分层次合作。首先与合作方建设合作基地，进行初步合作。待合作基地运行成熟，给予认证，成为认证基地，进行深度合作。待认证基地运行成熟，确定其为自有品牌战略联盟基地，创建华润万家自有品牌。

（4）"农超对接"实施效果　切实帮助当地农户稳定销售渠道，获取产销信息，让农户更加注重改进种植技术，提高生鲜农产品的安全性及商品性。华润万家实现了对农产品从生产、贮运到销售的全面监管，在使自有品牌"润之家"的产品具有更高品质的同时，提供给消费者品种丰富、质优价廉的生鲜农产品。

Q6 如何选择"农超对接"模式？

受超市、合作社（或基地）的规模和管理水平的影响，以及不同地区社会、经济、文化等多方面差异的影响，"农超对接"方式表现多样性。以上列举的都是大型超市的"农超对接"模式。实际操作过程中，合作社（或基地）可根据自身规模，寻找与自身规模相匹配的中小型超市进行"农超对接"，在合作过程中，优化合作流程，便于实际操作。

参考文献

[1] 靳俊喜. 农产品"农超对接"模式发展的机理与政策研究 [D]. 重庆：西南大学，2014.

[2] 李莹. 我国"农超对接"理论与实证研究 [D]. 沈阳：沈阳农业大学，2011.

[3] 黄祖辉，徐旭初. 大力发展农民专业合作经济组织 [J]. 农业经济问题，2003（05）：41-45.

[4] 王阳. 中国农民专业合作经济组织发展研究 [D]. 成都：西南财经大学，2009.

[5] 杨伟民，胡定寰. "农超对接"100 问 [M]. 北京：中国农业科学技术出版社，2012.

[6] 郑文凯. 全面把握《农民专业合作社法》基本要点 [J]. 农村财务会计，2007（04）：21-23.

[7] 郑风田，王旭，焦万慧，等. 新时期农民合作社发展现状及存在问题——基于对山东、河南 112 家农民合作社的实地调查 [J]. 现代管理科学，2014（09）：12-14.

[8] 邵蓝洁，王茜. 生存堪忧　超市今年拼生鲜 [EB/OL]. 北京商网，2015-03-13/2017-08-20.

[9] 邵蓝洁. 生鲜将成超市便利店的争夺之地 [N]. 中华合作时

报，2017-03-03（A04）.

［10］于辉. 2017年国家禁用与限用农药知多少？［J/OL］. 农药快讯信息网，2017-02-09/2017-08-18.

［11］王生. CCFA百个"农超对接"示范项目分析报告［R］. 北京：中国连锁业协会，2011.

［12］黄斌红. 农超对接模式和实践探索［M］. 杭州：浙江大学出版社，2013.

［13］康君，朱军伟. 沃尔玛超市"农超对接"模式分析与启示［J］. 物流科技，2013（11）：90-91.

［14］沈则瑾. 积极探索农超对接新模式——访联华超市股份有限公司总经理华国平［N］. 经济日报，2010-09-09（10）.

［15］张红丽. 生鲜农产品"农超对接"模式分析——以华润万家超市为例［J］. 农业经济，2014（07）：127-128.